私有化

概念、实施与效率

[俄] 斯维特兰娜·巴甫洛夫娜·格林金娜 著

李红霞 译

中国社会科学出版社

图字：01 - 2015 - 7841

图书在版编目(CIP)数据

私有化：概念、实施与效率/（俄罗斯）斯维特兰娜·巴甫洛夫娜·
格林金娜著；李红霞译. —北京：中国社会科学出版社，2015.12
ISBN 978 - 7 - 5161 - 7434 - 0

Ⅰ.①私…　Ⅱ.①斯…②李…　Ⅲ.①私有化—研究—东欧
②私有化—研究—俄罗斯　Ⅳ.①F151.21②F151.01

中国版本图书馆 CIP 数据核字(2015)第 309888 号

出 版 人	赵剑英	
选题策划	刘　艳	
责任编辑	刘　艳	
责任校对	陈　晨	
责任印制	戴　宽	

出　　版	中国社会科学出版社	
社　　址	北京鼓楼西大街甲 158 号	
邮　　编	100720	
网　　址	http://www.csspw.cn	
发 行 部	010 - 84083685	
门 市 部	010 - 84029450	
经　　销	新华书店及其他书店	

印　　刷	北京金瀑印刷有限责任公司	
装　　订	廊坊市广阳区广增装订厂	
版　　次	2015 年 12 月第 1 版	
印　　次	2015 年 12 月第 1 次印刷	

开　　本	710×1000　1/16	
印　　张	12.25	
插　　页	2	
字　　数	216 千字	
定　　价	46.00 元	

凡购买中国社会科学出版社图书，如有质量问题请与本社营销中心联系调换
电话：010 - 84083683

目　录

专家序

几十年来，私有化是国际政治经济思潮中的热词。正如冷战结束以来民主化成为世界政治中的热门话题一样，私有化更是世界各国特别是转型国家政界、学界交锋的焦点。

斯维特兰娜·巴甫洛夫娜·格林金娜教授（Светлана Павловна Глинкина）是俄罗斯著名的经济学家，是私有化问题研究专家。她曾长期致力于对社会主义经济体系的研究。苏联解体后，上世纪90年代中后期格林金娜较早地开启了对俄罗斯影子经济（又称"灰色经济"、"地下经济"、"非正式交易"）的研究。研。在俄罗斯即"休克疗法"之后，俄罗斯自由派推行了快速的、大规模的私有化运动。《私有化：概念、实施与效率》一书就是格林金娜对20世纪90年代苏联与中东欧原社会主义国家那场以私有化为主要内容的经济改革的专业性研究成果。书中详细地分析了中东欧、独联体原社会主义国家是如何接受并推行私有化的，私有化带来了哪些影响，以及对私有化的思考。

格林金娜教授的研究不仅阐述了中东欧、独联体前社会主义国家选择私有化改革的内部经济原因（即传统计划经济体制下国有企业存在的弊端），还真实地反映了以西方新自由主义思想为依据的"华盛顿共识"对上述国家私有化改革产生的重要外部影响。新自由主义者把私有制看作是市场经济的制度基础，是经济民主和个人自由的制度保证，并坚信私有企业比国有企业更有效的理念。苏东国家的学者用产权理论和委托代理理论的眼光审视国有企业存在的问题，发现国有企业紊乱的产权分配关系和大量不可调控的经济成分，以及愈发不可收的领导阶级的自发私有化，由此得出私有化的必然性。

作者在书中对私有化的狭义定义和广义定义进行了探讨。在大多数学者特别是俄罗斯学者看来，私有化就是将国有财产从国家手里授予私人资本家的过程。然而这是一种极其狭隘的理解，而且在实践中往往伴随着五花八门的黑箱操作。作者的研究则基于广义私有化概念的理解，即私有化不仅是将现有的国有财产转移到私人部门的过程，而且是为私人资本的产生，采用各种办法增加私人部门在国家总资产和国民总产值中的比例创造条件的过程。但我们认为，应当分清原生性私有产权与国有产权私有化的差别。民营、私营与私有化概念中最大的差别就是一个"化"字。因此研究私有化一定要跨学科、跨专业，运用政治学、法学、经济学、特别是政治经济学的方法进行综合性分析和比较。

在书中作者正是秉承政治经济学的方法进行分析的。她认为，中东欧、独联体经济改革的政治意图明显超过经济目的，即为了防止刚刚萌芽的政治"民主"出现倒退，必须配合快速的私有化，从而为新生的政治"民主"打下坚实的经济基础，正如一些学者所言，私有化是巩固民主政治改革的不可逆点，是摧毁社会主义遗产的有效工具。而提高经济效率、维持财政平衡、弥补财政赤字等经济目标，则远远地排在了政治目标的后面。

作者对中东欧、独联体原社会主义国家私有化改革的途径和效果进行了比较，全面总结了私有化带来的后果和影响，包括政治效应、意识形态效应、社会效应、经济效应、法律效应、生态效应、心理效应、犯罪效应，等等。在目前所见的相关文献中，此书是对苏联和中东欧原社会主义国家私有化改革一部十分难得的学术专著。书中含有大量数据翔实的统计资料，有助于我们了解这些国家经济体制改革的真实情况。

作者在书中对一些流行的私有化神话进行了剖析，揭示了这些神话的虚伪性。例如关于私企效率高于国企效率的观点，作者对国有企业效率低下这种一边倒的评价进行了辨析。东欧一些国家对私人企业具有明显扶持倾向的贷款优惠反映了国有企业被歧视的地位和不公平的经营条件。很多学者无视这种歧视，还忽略了国企额外承担的福利责任，在这种前提下进行的效率优劣的比较违背了历史地、具体地看问题的观点和方法，相反地，一些学者则承认，从某种角度看，国家在本质上是个很好的所有者。

本书还能引发我们关于市场经济条件下两只手的关系的思考。本书出版10年后，作者再次表示，中东欧、独联体前社会主义国家私有化改革中表现出的市场这只看不见的手的局限性，在2008年美国次贷危机引发的全球金融危机中再次得到了证明，发挥政府这只看得见的手的作用的必要性，已越来越成为很多发达国家和发展中国家学者们的共识。

学术著作的价值体现是多方面的。在某种意义上，作者对私有化问题持有怎样的观点，以及译者或读者是否赞同作者本人的观点并不重要，重要的是，我们需要了解其他国家和地区是如何理解和认识私有化的，在推行私有化过程中遇到了什么问题，带来了哪些后果。何况格林金娜教授在书中提醒的很多观点恰恰对其他体制转轨国家有很好的警示作用，如渐进式增量改革优于激进式存量改革、所有制形式不是决定企业效率根本因素等值得注意的观点，对其他经济体制转轨国家无疑具有启发意义。

我国自 1978 年改革开放以来，取得了举世瞩目的成就，以习近平总书记为核心的新一届领导集体做出了全面建成小康社会、全面深化改革、全面依法治国、全面从严治党的战略部署，全面深化改革已进入深水区和攻坚阶段。特别是国有企业的改革问题，不仅关乎四个全面战略的实施，而且事关巩固社会主义经济基础的问题，关乎维护社会主义基本制度的问题，关系到党领导的国家政权的稳定。特别是公共部门和天然垄断部门企业的改革更是事关国计民生的大事。前车之鉴，不可不察。从这种意义上看，本书的出版既是有益的，又是及时的。该书丰富了中东欧、独联体国家的私有化问题的研究，有利于正确总结上述国家体制转轨的经验和教训，具有一定的学术价值。这些年国内愿意从事学术性翻译的学人越来越少，俄语类学术著作的引进和翻译则更少。此时此刻，李红霞老师甘做冷板凳，此书历经八年的曲折辗转才得以面世，可喜可贺。译者执着的精神和认真的学术素养可见一斑。是为序。

张树华

中国社会科学院信息情报研究院

《国外社会科学》杂志

2015 年 12 月

俄文版序言

私有化作为世界经济问题争论的焦点已整整三十年了。20 世纪 80 年代至 90 年代的私有化浪潮不仅席卷了很多发达国家，还波及很多发展中国家，并成为新兴市场化国家转型改革的重要组成部分之一。根据现有的估计，近年来私有化涉及全世界十万多家公司，转移到私人手中的资产总值十分巨大，特别是拉丁美洲、东亚和中欧及东南欧的后社会主义国家，包括俄罗斯在内的独联体国家。实际上人们对国有经营的规模和可能性的原有认识已开始重新评价，国家开始以新的形式对经济进行干预，即在更加广泛地容许市场规则的条件下积极推广各种形式的公私合作伙伴关系。

尽管在世界经济范围内国有部门有很大的收缩，但保留在国家手里的，特别是中国、越南、印度、非洲国家和一些过渡经济国家的资产总量和公司数量仍然很大。因此，对近三十年来私有化进行得怎样，以及什么样的实现方式才是经济上最有效的和社会上可接受的问题有个清楚的认识，对于那些制定经济发展战略的人来说是十分必要的。

研究后社会主义国家经济私有化过程的迫切性几乎不需要多长的论证。20 世纪 80 年代末 90 年代初，大批中东欧前社会主义国家已开始通过采用西方发达国家运行的社会经济基本制度实现社会转型。

在社会经济体制转轨的框架下，经济私有化成了产权关系、经济制度和社会结构改革的最重要的工具。这些国家的经验无论从理论上（通过将西方制度移植到后社会主义国家的土壤上实现社会过渡的可能性和局限性）还是实践上都是十分引人注意的。在本书研究框架下，对中东欧国家和俄罗斯私有化初始条件、模型以及随后资本、产权集中的机制和监控等问题进行的比较分析，有助于理解当前俄罗斯社会面临的诸多问题的根源，而这正是制定战略、使俄罗斯摆脱目前正面临的危机的必要条件。

关于俄罗斯 20 世纪 90 年代发生的改革别无选择的观点被个别政治活

动家和大众传媒死缠不放,这种观点断言,俄罗斯的私有化既不比其他后社会主义国家进行的私有化改革差,也不比它们好。正是因此,我们试图在本书中将中东欧国家五光十色的使用私有化政策的光谱展现在人们面前,特别注意欧洲后社会主义国家和俄罗斯进行的私有化过程的许多差别,其中包括目标定位的特点、制度环境状况、以及国家在推行后私有化政策中的作用。

　　分析俄罗斯大规模私有化阶段的实践自然会提出这样一个问题:如果不是把私有化理解为将国有资产转移到私人手里的经济政策行为,而是理解为为私人资本的出现和有效运转创造条件的话,能否把俄罗斯式的非国有化叫做私有化?本书持有的正是这种观点,正因为如此,本研究在私有部门的形成和私有化之间划了等号。讨论方法不过像所有与私有化相关的研究一样,从概念的界定到社会经济后果的评价,书中对有关问题的分析和讨论将引起越来越多人的关注。

　　本书个别章节分析了中国的所有制转轨过程和英国的私有化过程,作者也不止一次地呼吁独联体的改革经验,认为有助于解决孔夫子在当时提出的任务——"名正而言顺"(即赋予事物正当的名义和真正的意义),也就是说,在这种情况下,通过展示不同民族开展的私有化过程,揭示出共性的、决定现象本质的特点。

　　作者向俄罗斯科学院经济研究所中东欧国家研究中心的工作人员瓦拉多伊、古利科娃、萨马卢科娃、西尼琴娜、丘达科娃、莎布尼娜等在准备手稿方面给予的帮助表示感谢,同时对提供必要研究辅助工作的别列维金切娃表示感谢。

斯维特兰娜 · 巴甫洛夫娜 · 格林金娜

2006 年 1 月

中文版序言

私有化问题作为世界经济问题争论的焦点已整整四十年了。实践证明，在极短的时间内完成改革对于培育健康市场经济会产生一系列长期负面的影响。

近些年的快速私有化思想主要基于对凯恩斯较早提出的国有企业规模和容许问题的重新认识。私有化的支持者们关注的是国有部门特有的利益冲突：国家同时既是所有者，又是经营者，又是调节者。国有企业在国家的保护下身处温室环境，尤其在软预算约束下运行，意味着弱竞争激励。通常决定国有企业比私人企业低效的因素主要有以下几方面：

国家保护国有企业免于竞争，导致雇用缺乏管理能力的经理，也就意味着更低的经营效率。

国有企业与私人企业不同，它不是由资本所有者控制的，这意味着国家管理的质量必然下降。管理质量下降的原因在于官员们对企业的信息了解不足，这为经理们的机会主义行为提供了机会。

国有制很难避免徇私舞弊现象，管理者常利用自己的地位寻租而伺机腐败。

国有企业利用自己的行政和政治关系同私人公司展开竞争，打击了私人部门的积极性，阻碍了其发展。国有资产的管理需要预算承担的一些开支，这些开支并不反映在企业的成本核算中；即使国有企业和私人企业拥有完全相同的指标，也应承认国有企业在效率上是低于私人企业的。

私有化追随者提出的有利于私有化的另一个理由，就是期待新所有者能够向私有化项目进行投资。因为这些投资没有进入国家规划，其国民经济效率通常会低于评估国有资产时通过的标准。当然公司收购者应该具备特殊条件（例如它拥有新技术），从而使得投资被收购的项目对收购者是有利可图的。

最后一个有利于私有化的明显依据是，当国有企业亏损后要求补贴时，而这些补贴（包括对就业的支持）又被认为是不必要的，这种情形下出售企业的合理性就变得不容置疑了。

那么，从 20 世纪 80 年代一直到 2008 年世界金融危机以来的大规模私有化改革，全是基于上述的一些理论假设。然而世界经济危机在很大程度上改变了我们对"看不见的手"的作用的认识，按照"华盛顿共识"的药方（例如为了提高经济效率要求国有企业快速私有化）推行的经济极度自由化改革显示出了一系列消极后果。很多发达国家和发展中国家在理论和政策实践过程中都面临着一个共同的问题，就是加强国家对现代市场经济调节作用的必要性问题。危机后出现的新情况证实了我在 2006 年出版的俄文版著作中提出的很多结论，希望这些在危机前得出的结论能够引起中国读者的注意。关于私有制效率高于公有制的观点是令人质疑的，事实上效率的大小通常并完全不取决于制度条件。我们得出的结论是，成功的私有化确实需要严格的条件。实验数据证明，所有制形式并不重要，如果满足了信息对称、代理人的风险行为保持中性、私人代理为国家出售的财产展开充分的公平竞争的话。如果这些条件不满足，那么私有化未必能得出有效的结论。如果私人代理是厌恶风险的（事实上基本如此），那么生产的风险越高，则私有化的效率越得不到保证。

在很多情况下公共部门和天然垄断部门企业的私有化可能会给消费者带来损失，导致创新行为最小化。如果国家能够将国有企业转变为发展研究机构，那么为了高科技领域的发展，快速打破其传统结构并提供更有利的条件，国家可以利用自身的特殊地位，包括政府提供财政支持。

由此会得出以下结论，万能适宜的所有制形式是不存在的，对于企业的效率而言，重要的不在于所有制形式，而在于竞争发展水平和市场的结构。因而，聪明领导者的重要任务不是何种价格的私有化，而是寻找合适的所有制结构。

围绕国有资产私有化的争论在俄罗斯、中国、越南、印度和一些非洲国家及后苏联空间依然继续着，因此，对近三十年来私有化是如何推行的，以及什么样的实现方法是经济上最有效的和社会上可接受的问题能有个清楚的认识，对于那些制定近期经济发展战略的人而言，是完全必要的。

众所周知，在中东欧后社会主义国家和后苏联空间的社会经济体制转

轨范围里，经济私有化成了所有制关系、经济制度和社会结构改革的一个
重要工具，这些国家的经验无论是从理论角度（如通过把西方制度移植
到后社会主义国家土壤的办法实现社会转型的可能性和局限性），还是从
实践角度都是极其有趣的。

　　本书对上述国家私有化的初始条件、模型以及随后资本、产权集中的
机制和监控等问题进行的比较分析，有助于理解当前后社会主义国家特别
是俄罗斯遇到的很多问题的原因。

　　分析俄罗斯大规模私有化阶段的实践自然会产生一个问题：是否可以
将俄罗斯的式的非国有化称作私有化？如果不是把私有化理解为将国有资
产转移到私人手里的经济政策行为，而是理解为为私人资本的出现和有效
运转创造条件的话。本书在私有部门的形成和私有化之间划了等号，同时
提到了中国改革在这方面的借鉴之处。

　　作者对为中文版的翻译工作付出大量时间和心血的李红霞老师表示真
诚的感谢，她的认真和执着让我感动，同时感谢工作助手维多利亚·拉普
尔金纳研究员和她的丈夫，她们为我和译者所做的信息联络工作推动了本
书中文版的出版。

斯维特兰娜·巴甫洛夫娜·格林金娜

2015 年 12 月 1 日

第一章　我们告别了什么？

在经济关系参与者作为平等的伙伴在市场中活动的发达市场经济中，或者在有着清楚的、准确界定的各种社会集团体系的社会中，产权首先是一个法律概念，与其说它是社会学和政治经济学概念，不如说它是民法的对象。

在这种情况下通常把产权理解为一组行为或一组作用于客体（资金，消费或使用的对象等）的行为的总和，这些作用于客体的行为是个体在不受其他主体制裁威胁的情况下能够实现的。简言之，产权就是被社会核准的与财产有关的一组行为。

产权理论来源于这样一种认识，即任何一种交易行为实质上都是一组权能的交换。这种解释假定被认证为拥有资源的权能越多越大，其价值越高。按照阿尔钦—德姆塞茨的观点，产权由以下基本权能组成：（1）财产使用权；（2）财产处置权；（3）财产收益权；（4）财产转让权，即将上述全部或部分权能转让给他人而获得由双方协商的一定费用的权利①。在这种情况下，第四种权能意味着将上述权能全部或部分转让给他人的可能性。

现代公认的产权的具体特点是由英国法学家奥诺尔提出的。他的产权权能体系包括11大要素：（1）占有权。即对物的绝对实际的控制的权利。（2）使用权。即个人亲自使用物的权利。（3）管理权。即决定由谁和怎样使用物的权利。（4）收益权。即获取由于个人使用物或允许他人使用物而产生财富的权利。（5）对资本价值的处置权。即打算出让、使用、

---

①　Alchian A.，"Some Economics of Property Rights"，*Politico*，1965，№30，pp. 816 – 829；Demsetz H.，"Toward a Theory of Property Rights"，*American Economic Review*，May 1967，Vol. 57，№2. pp. 253 – 257；Alchian A.，Demsetz H.，"The Property Rights Paradigm"，*Journal of Economic History*，1973，Vol. 13，№1，pp. 174 – 183.

挥霍、变更或者销毁物的权利。(6)安全保障权。即免于没收的权利。(7)根据遗产继承或遗嘱转让财产的权利。(8)永久性权利。(9)禁止财产有害使用。即有义务拒绝用有害于他人的方法使用财产。(10)被执行的责任。即有责任作为债款,为支付债务而被没收财产。(11)剩余权利。即等待被转让的权能在转让期满后或在由于某种原因失效的情况下自然返还①。

　　就人与人对物的关系越是详细地划分,越有利于符合实际地反映这些关系的特点。既然关系的划分是一个伴有资源配置的过程,那么,它的一个固有特征就是所有权(即产权,译者注,以下同)的分解过程,这就使产权分解出很多权能。因而,在每个具体的情形下,上述过程的特点决定了这些权能的特征。重要的是,要注意产权分解的过程是人与人之间与有限财富的关系的动态特征之一,并伴随着权利被规范和侵蚀的过程。

一　社会主义国家国有企业的所有权权能及分配

　　事实上,社会主义国家经济中对所有权的实现起决定影响的并不是明晰的法律框架,而是权利的实际分配和各种有影响的社会群体之间形成的力量对比关系。因此运用纯粹的法律方法分析社会主义经济中产权分配的现实情况,我们觉得并不是很有效,很多西方学者都犯了这样的毛病。

　　在学术文献中这方面的尝试研究很多,但对指令经济中所有权权能分配实践方面的研究往往不够深入。原南斯拉夫经济学家别伊奥维奇在他所进行的研究中得出了如下结论:原社会主义国家的产权在法律上和事实上是由最高政治权力机构(如原苏联的苏维埃共产党中央政治局)掌管的,也就是说,他将所有制关系的调节问题简单归结为政治管理问题②。

　　著名的社会主义政治经济学模型是双代理模型:"上层"是中央政权,"下层"是完成计划的企业,可见当时的苏联研究文献也使用委托代理模型。然而,这样的粗略模式对于了解产权的主体而言,是对现实情况的明显简化。借此观察到的不是指令经济中存在的现实的所有制关系,而

①　Honore A. M., "Ownership", *Oxford Essays in Jurisprudence*, Ed. by A. W. Guest. Oxford: 1961, pp. 112 – 128.

②　Pejovich S., *The Economics of Property Rights: Towards a Theory of Comparative Systems*, Dordrecht: Kluwer Academic Publishers, 1990, p. 28.

是一种办理法律手续的形式（非常程序化的）。

在社会主义经济实践中权能 1 和权能 3，也就是财产使用权和收益权在不同组合情况下被分配给企业和各级权力机构之间。为了实现财产变更权和转让权职能，企业领导者通常需要得到上级管理机构的允许，或者等待中央权力机构下达有关实行某种变更或者企业基本经费调拨的直接指示。

由中央权力机构掌握的财产权利（即产权，译者注，以下同）被分配给几个机构——各行业部委、首长们，不过这些部门在决策企业资产使用问题时并不拥有充分的自由，他们应该使自己的行为与诸如中央计划机构、财政部、国家银行、资源分配和供给委员会以及价格制定委员会等职能部门保持协调一致。与此相应地，在那些能够拥有财产权利的人们之间也存在一定的分工，而赖以实现这种分工的原则，很少与经济方面的考虑相联系，却能很快反映出不同管理机构拥有的势力大小。

不同级别的党的机构事实上也是指令经济条件下财产权利的拥有者。他们能够对计划机构的决定行使否决权，或者将自己的决定强加给企业。

被宣布为社会的或者全民的企业和其他组织从来也没有被看作是那种执政的官僚机构。然而企业行政人员的角色由于一系列原因曾经起过相当大的作用（如客观上把一切都计划好、控制住的不可能性，计划时从下层获得信息的必要性，高层官僚机构的个人成就往往并不是依赖于完成企业实际计划任务的结果，等等）。

正像科学院院士涅金别洛夫所指出的那样："为了分配所有资源和布置计划任务，在社会生产的不同组织层面之间形成了一种特殊的生产关系体系，而且这些关系方的兴趣点是截然相反的：上级机关感到资源分配最小化和计划任务完成最大化有利可图，下层机构则追求获得资源最大化和完成计划任务最小化。下层环节在这场交易中的纯经济理由更多一些（他们掌握更多的信息），然而上级机构一方面不无理由地相信他们打算欺骗自己，另一方面又手握权力。"[①]

这样，在每个具体的情况下所有制功能的实现具有相当大的不确定性。由于社会所有制的管理实际上是建立在与官方之间形成的正式与非正

---

① Некипелов А. , *Очерки по экономике посткоммунизма* . Москва: 1996, С. 65 – 66.

式关系基础上的，与行政命令体制形成了不十分明确的关系①。

到现在我们仍限于讨论指令经济体制下产权在各种势力集团之间的分配问题。然而占有财产意味着不仅拥有权利，还拥有义务，不仅拥有利润，还存在与占有财产有关的费用支出。应该承认，在苏联经济模式下对于由财产引起的义务的分配比财产权利的分配更加不明确。

传统的指令经济体制为每个运转的企业无论是生产还是费用开支都事先确立了计划机制。因此，在这种情况下企业为自身活动开支负责的问题消失了——企业完全服从中央计划的指示。然而事实上在计划与具体结果之间经常脱节。从一方面看，这是计划中存在缺陷造成的结果，从另一方面看，企业感到摆脱中央计划下达的关于生产开支和产品销售的命令更有利。

完成产品销售计划的资金经常不足迫使他们这样做，他们力图寻找到用较少的费用完成指定计划的途径。

作为对企业力图巩固自己地位的回应，中央计划机构在决策时试图通过推广经济核算制度赋予企业对生产更多的经济责任。一些经济核算形式在指令经济的早期发展阶段就已经存在了。表面上企业必须承担生产方面的费用，但不承担投资方面的费用。随后在一些进行深刻经济变革的国家里，在部分投资方面开始推行自筹资金。然而实际上自筹资金从来都不意味着企业负有完全的财政责任。企业的亏损常常依靠国家预算或者以直接补贴的形式、便宜的借款或者其他援助的方式被掩盖了②。

二　社会主义国有企业中集体所有制成分的增长：转轨前改革的主要内容

有一种观点认为，经济的过度国有化是社会主义国家爆发经济危机的主要原因，而最初对这种观点的反驳是建立在几十年来在一系列国家和地区对国有制进行的连续改革措施的分析基础上的，前民主德国在 1963 年，匈牙利在 1968 年和 1982—1989 年，波兰在 20 世纪 70 年代初、1982 年和 80 年代末，苏联在 1965 年和 1986 年以后都进行过相应的改革。

---

① Joskow P., Schmalensee R., "Privatization in Russia: What Should be a Firm?", *International Journal of the Economics of Business*, 1995, No2.

② 科尔奈将这种现象称为"软预算约束"。(Kornai J. *A hiany*, Budapest: 1980.)

很长时间以来，国有制改革一直是东欧国家官方文件中被禁止的话题，因此在公开场合里改革从未触及所有制问题。与此同时，确定财产使用权和各经济主体之间收益的分配（也就是所有权权能的再分配）比例实际上是 20 世纪 60—80 年代进行的尝试完善经济体制的实质。

众所周知，匈牙利从 1953 年开始就已经彻底地离开了传统社会主义企业模式。

1968 年的经济管理体制改革是匈牙利的历史转折点，根据经济管理体制改革的原则，匈牙利在全国取消了指令性计划制度，实行了以经济手段为主的管理体制，企业的自主性提高了一个层次，在所有社会生产部门推广投资信贷体系，在贸易的基础上进行产品流转，给予企业建立自我发展基金和物质激励的权力[①]。

对于南斯拉夫的基本社会劳动组织——以社会所有制为基础的自治企业而言，它的产权分配也是远离传统社会主义模式的。按照《南斯拉夫公共规划基本制度法和公共计划法》条例，经济管理规划首先不是国家及其行政机构的职能，而是劳动联合组织的职能；计划也就是规划的目的和任务不是从上而下，而是自下而上在协调发展政策的过程中产生出来的。

南斯拉夫也像匈牙利一样在贸易手段的基础上实现经济组织的物质技术供应和产品销售，即在生产者和消费者之间通过批发贸易组织建立直接的联系。针对不同种类的商品实行了不同的定价体系，而且从 1965 年改革开始逐渐增加自由定价的商品种类（1975 年已经占全部商品的 40%）。结果价格被提升到发达资本主义国家外贸价格的水平。正像俄罗斯经济学家克尼亚捷夫所指出的那样："由于南斯拉夫经济的开放特点和同资本主义国家广泛的外贸联系起了很大作用，以及在客观基础上制定的价格比例关系，南斯拉夫避免了必要的生产预算补贴和计划亏损的生产，避免了直接出口补贴以及商品进出口情况下存在多种本币汇率的必要性。"[②]

---

①　关于匈牙利经济体制改革的详细情况参见 Усиевич М. А., *Проблемы экономики Венгрии на этапе интесификации*, Москва：1987；Усиевич М. А., Проблемы развития социалистической экономики Венгрии на этапе интенсификации. Рукопись дисс. На соиск. уч. с т-ни д. э. н. Москва：ИЭМСС АН СССР, 1984。

②　Князев Ю. К., Хозяйственный механизм в югославской системе объединенного труда（анализ теоретических основ и практики функционирования）. Рукопись дисс. На соиск. уч. с т-ни. д. э. н. Москва：ИЭМСС АН СССР, 1980. С. 294 - 295.

由于脱离了预算拨款为主的企业基本基金投资体制,预算拨款的比例到 1977 年降到 2.4%,而当时有限责任股份公司的私人和联合资金达到 50.5%,银行借款达到 47.1%①。

拒绝必须执行的中央计划,价格形成过程的自由化,提供给经济主体更多投资领域的自由,建立企业委员会作为管理自治机构,所有这一切都使企业从国家的强制下实际摆脱出来,事实上也意味着在匈牙利承认在所有经济领域有效运用一系列经济管理原则的可能性,这些原则以前曾是集体所有制所特有的,而在南斯拉夫,实质上是集体所有制统治地位的确立。

匈牙利经济体制改革确立了国有企业和集体部门最大可能平等的经济条件。经营活动管理体制上的差异被消减到最小。而且国有企业在很多方面转向了早期集体部门企业曾经实行的经营原则,而不是相反,像大多数采用苏联经济模式的国家里发展集体经济时所进行的改革那样。

平等经营条件下各种所有制形式企业的建立,1977 年将利润最大化作为企业领导者首要任务的国有企业法的通过,80 年代初经济自我组织和发展小型经营形式的可能性的增加,1989 年开始生效的经营联合组织法使股份公司在经济中的普及成为可能,并消除了通往私人手中财产积累道路上的障碍——这一切都导致匈牙利经济中影响经济主体行为的非指令性机制出现和经济主体动机改变。国有企业的转轨过程合乎逻辑地促使了 1989 年夏天《改革法》的出台,而这一法规开辟了国有企业转变为股份公司甚至转移到私人手里的可能性。

匈牙利经济改革进程中极其重要的一步是,国家确定管理机制(特别是价格形成机制)时开始不再按照经营主体的所有制形式,而是根据企业因提供这种或那种产品和服务所起的社会作用来分析。

回顾过去,可以说,从 20 世纪 70 年代中期开始,传统的斯大林企业模式便失去了自己的地位,大多数国家形成了转轨后的社会主义经营模式。重要的是,要明白为什么在初步形成的总的趋势下,这些模式的运行结果却有着本质上的差异。作为假设可以提出一个这样的假定,按照这一

① Князев Ю. К., Хозяйственный механизм в югославской системе объединенного труда (анализ теоретических основ и практики функционирования). Рукопись дисс. На соиск. уч. ст-ни. д. э. н. Москва: ИЭМСС АН СССР, 1980. С. 369.

假定，只有在保证企业得到的法律上的权利和事实上实现权利的可能性之间能够协调一致的地方，改革才能取得积极效果。例如，对指令经济条件下中东欧国家非农业合作社运行状况的分析就能够证明这一观点。

三　中东欧国家的合作社企业：合作社所有制成分对外部发展环境的独立性

原社会主义国家在合作社经营形式的内容上存在明显的差别，在我们看来，某个国家经济中占统治地位的经营模式是预先确定的。因此，民主德国和带有传统指令经济的国家的手工业者生产合作社，都包括在国民经济计划体制中，是在当地地方权力机构制定的计划任务的基础上组织生产的。地方政府与合作社签订经济合同，其中部分合约包括商定完成生产任务的期限，按照合约合作社得到一定数量的原材料。

国家通过发放和取消在管辖区域内从事某种经济活动的许可来影响手工业合作社的工作。它决定合作社企业可能拥有的数量，监督所有的企业使用统一的价格和费税，而不管所有制的形式是什么。

国家机构制定税收金融政策，这些政策在很大程度上决定手工业生产合作社的工作。手工业生产合作社要交给国家预算局基金费（占企业总价值的6%），还要交纳营业税（占3%），还有利润所得税，其多少取决于合作社的人均利润和企业活动的专业领域。

手工业生产合作社建立了自己的基金。这首先是由合作社成员合股交纳的费用形成的股份基金，还有基本财政基金和周转资金、形成储备的基金，以及社会消费基金。国家调节资金在各基金之间的分配。那么，合作社投入储备基金的数额不能少于净利润的50%。这笔基金保存在银行的特别账户上而且只能专款专用：用于改善当地劳动和生活条件措施的拨款，用于补偿审计活动的开支，用于临时需要计划外周转资金的拨款（需银行许可），还可用于法规允许的其他目的。按照手工业生产合作社的章程，由于某种原因在一年内没有完全用掉的固定资金和流动资金就被集中到储备基金中。没有当地权力机构的批准，手工业生产合作社没有权利使用这笔资金。

国家通过对合作社财政基金的调整鼓励合作社同国有企业开展合作，不仅在生产领域，而且在物质技术供应领域。这样，加入"合作社联合会"后,手工业合作社有权利使用冻结在储备基金中的资金。合作社联合会的活动又扩展到共同使用用于生产目的的厂房、工具和设备,建设生产合理化工具和对技术对象进行维修工作类的工程项目,建造联合职业培训和提高职业技能的场地,以及建立共同的销售和采购组织。

企业所处的地区级地方委员会经济部为合作社联合会的活动承担责任。如果国有企业参与了联合会的工作,那么合作社联合会必须使自己的计划指标与国有企业的领导保持一致。

像50年代的匈牙利一样,民主德国在国民经济范围里保留中央物质技术供应体系这一事实对合作社的经济管理体制产生了巨大的影响,通过国民经济体系使合作社与指令经济的联系更加紧密。

为了适应中央集权的物质技术供应体系,合作社参加了通常由大型国有企业领导的、在市政府"供应集团"名下运转的工作,成立了合作社同行业自愿联合的"供应组织"。为了加入这个供应组织,手工业合作社创建了合股股金,其数额大小取决于加入的企业的规模和企业在一年内计划生产的采购量(随后的每次采购单独支付)。

"供应组织"具有法人身份,有自己的人数较少的管理委员会,负责在国家批发贸易合同和生产供应组织成员必需的原材料设备的企业合同基础上组织采购方面的工作。他们也通过这种国家批发贸易体系组织产品销售。"供应组织"利润的60%以税收的形式上交给国家,余下的利润形成生产和社会储备基金。

波兰、捷克斯洛伐克、罗马尼亚、保加利亚在70—80年代都出现过被直接列入国民经济体系和物质技术供应体系的合作社,它同国有企业有强制的契约关系,硬性的合作社金融和基金条款等规章条例,这一切都是中央集权的经济管理体制在基础经济部门实行统治和控制的结果。

我们在分析匈牙利的传统合作社的时候,还遇到了另一种也称为合作社的经济现象,即在1982年开始发展起来的小型的合作社。

小型的合作社不像传统合作社那样以追求利润为目标,而是推行了以总收入为目标的体制,即追求所创造的全部价值,而不仅是其中的一部分——利润。总收入与利润的差别不仅在于数量,也在于质量,因为消费基金和积累基金是由总收入的多少决定的。在这种小型经济形式框架下,可以在总收入的基础上协调积累和消费的关系,找到一些解决矛盾的办法,这些矛盾是用利润最大化逻辑看待问题时很少出现的。增加总收入的目标定位刺激经济更加积极地关注产品销售领域，通过扩大盈利产品的生产完善生产结构①。

小型合作社的第二个重要特征更强化了其合作社特点，即合作社成员在建立企业最初财产中的重要作用。在传统合作社中，社员的这种作用受纳入的股金数额的限制，被限制在劳动者的月平均工资水平上。一年内只可以缴纳一部分。合作社社员入股不会带来什么特殊的物质利益，因为部分股份利润的分配是按照工龄和一年里支付给劳动者的工资数额决定的。

小型合作社只调整股份的下限（两个月的平均工资），在这种情况下，合作社被赋予规定上限的自由。小型合作社预先规定的利润的按股分配比储蓄所的利率稍高一些。这样的制度使合作社社员形成了相当多一部分必要的原始财产。这样，社员在有偿付能力的情况下，承担了完成义务和偿付合作社债务的财务责任（依靠损失部分股金和劳动奖励等），这一切都强化了所有制的合作社性质。

如果将苏联合作社在改革过程中得到的权利和匈牙利小型合作社的权利相比较，应当承认，前者的权利还是不少的，而且在一系列问题上，苏联合作社享有很大的自由（如在价格制定领域）。为什么这些国家的合作社的行为结果如此不同？为什么我们把通货膨胀的恶化、金融体系的不稳定、劳动力外流的消极过程，以及国有资产向私人转移失控的过程、收入差距的不正常拉大，还有经济的犯罪化等问题和苏联合作社运动的发展联系在一起？

建立和加强市场是匈牙利80年代合作社部门运行的重要条件（当时条件下的市场当然被称作社会主义的）。对于在自行采购、自筹资金、充分民主和自我管理基础上运行的合作社而言，同整个经济保持着市场的联系是它的突出特点。因此选择经济伙伴的自由度越大，资本流通、劳动力重组的过程越积极，扩展合作社业务活动、实现合作社所有制的可能性就越大。

---

① 对小型合作社总收入初次征收的税赋在不同经营领域的规定是有区别的，从17%到28%不等。税基是企业扣除原材料成本、折旧提成、已售商品的采购价格、工程承包成本、支付社保基金和各种合作社代表机构的维修费用后剩余的款项。由于1988年国家进行了税收改革，小型合作社开始缴纳经营税，数额为扣除生产成本后（不包括个人奖金）剩余款项的25%。税后的剩余资金用于小型合作社的分配基金，用于企业发展、储备、支付成员的个人收入、雇佣人员的工资和奖金、社会文化用途、资助员工修建和购买住宅。资金在各基金中的比例不受集中调控，由合作社全体会议决定，小合作社获得了调节企业员工工资收入的自由。

1981 年匈牙利采取了发展各种小型所有制企业（共有 11 种组织形式），扩大经营主体数量并在此基础上在经济中推行竞争原则等措施。各部委和银行被赋予在国有经济部门建立小型企业的权利，这些企业被大型经济单位称为小型子公司。这些企业没有得到国家的帮助，不属于整顿范围。实际上子公司的基本运行由创办人调控，企业用来启动经营活动的资金和基金由创办人分配，从剩余利润中扣除提成的份额是从私人利益的角度来规定的。在企业亏损的情况下，创办人可以用自己的资金补偿亏损，或者做出注销企业的决定。劳动者的个人收入依赖于生产活动的效率，简单的财务核算和报表体系是小型企业和子公司的主要特点。

合同式的、租赁式的生产组织形式，还有专业化的合作社集团，以及劳动集体企业得到了广泛的推广，其中大部分是不同的工厂内部经济核算形式，是企业活动中的组成要素。进入市场的经济单位的数量由于私人部门经营条件的改变在 80 年代开始增加。以下将提及私人部门问题。

由于采取了拆分一些人为建立的托拉斯的措施，建立了新的小型企业和各种公司，匈牙利经济中经营主体的数量急剧增长。在所有使用劳动力的过程中，开始开展生产者之间旨在更有效地满足消费者需求的竞争，这迫使所有经济过程的参与者更加灵活地对变化的需求进行反应，快速地调整生产结构，等等。授予所有社会生产部门建立新的小规模经济形式的权利预先防止了国有资产向私人的转移（至少在俄罗斯公民了解的范围内）。

80 年代合作社部门的发展促使国民经济中的劳动力流动过程活跃起来。

这时对这种现象的评价也发生了变化。如果在 70 年代初劳动力从大型企业向合作社转移被一致看成是消极的过程的话，那么 80 年代在新的经济条件下成立的大型企业则感到释放多余的劳动力是有利的。于是在经济中开始形成了有效释放低效使用的劳动力的机制，并将他们转移到那些从活动领域、利润水平和劳动生产率上看符合国家经济长远目标的生产领域。

提高企业对有效使用劳动力的兴趣首先是通过调控工资基金和物质刺激来实现的。按照这种方法，匈牙利规定的基金规模或增长速度直接与经济组织的活动结果挂钩，主要表现为利润。

激活劳动力在国民经济范围内流动的过程是与更加彻底地实现完善生

产结构目标和清理亏损的生产企业相联系的。1986 年的标准法开始生效，此法规定了健全企业机制和清理亏损企业的激进式改革（1986 年 6 月 16 号匈牙利主席团令、劳动法典的修改，匈牙利一系列部长会议还有财政金融部门的决议和命令）①。清算程序的发起人不仅可以是国家，也可以是债权人，还可以是企业自己——债务人。

有关释放企业无效使用的劳动力方面的政策还和实施一系列规范法规结合起来，这些法规主要用来控制企业在安置多余劳动力方面的责任。如果以前安置工作应该是由企业自己来保障的（在劳动力安置部门的帮助下），那么现在这些功能完全寄托在各个地区的中心成立的并处于地方委员会管辖的特定部门。与其活动相关的费用由国家预算补贴。

事实上，业已形成的状况改变了合作社的地位：企业从一个为劳动力（这些劳动力的潜力被严格地限制）斗争的危险对手，变成了有效安排劳动力的补充力量，变为被释放劳动力的自组织。

从合作社部门发展的角度看，最重要的环节是银行体系开始推行改革和资本市场的形成。这与新合作社诞生时主要问题通常归结为启动资金的创立有关。依靠激活居民个人资金使建立足够启动资金的打算常常落空：80 年代条件下的小生意通常是由那些没有大量存款的人从事的，居民们对匈牙利所推行的小型企业经营政策的稳定性和长期性表现出担心。

银行改革的结果是，所有经济机构包括合作社都有权根据自己的考虑同任何银行发生信贷关系，委托任何一家银行管理自己的往来账户。

在改革框架下，在中央银行周围初步成立了五个商业银行，还有一系列专业化的金融机构（被称作小银行），这些机构从活动条件方面看更关心获得利润。因此，他们开始积极地干预生产，用贷款支持有前景的项目，扩大盈利企业的生产能力。小型合作社不仅在信贷机构面前和大型企业是平等的，而且往往作为对市场需求的变化反应更敏感、更灵活，更能盈利的经济组织，成为商业银行和小银行愿意合作的商业伙伴。

合作社有了创立自己银行的机会，结果出现了三个股份制合作公司，合作社的利润代理机构在公司的创立过程中起了很大的作用。他们把相当大一部分合作社的共同基金转到银行，并开始在商业化的基础上运转。

那么，我们所进行的研究证明了合作社（任何一种）所有制形式的

---

① *Magyar Közlöny*（匈牙利政府公报），1986，№28，622 - 636，old.

实现可能性和内容对其发展所处的具体经营条件很强的依赖性。

我们想要从企业经营活动自由化当中得到的经济效率，只要在保证法律上被授予的财产权利与实现产权的经济可能性相符的条件下就能得到。

在原有的经营体制中或者因建立承担联络合作社与中央经济机构功能的过渡管理机构（民主德国的案例），或者通过放弃指令性计划管理方法，广泛发展商品货币关系和市场体制（如匈牙利）。

苏联的案例表明，处于计划管理体制工作结束阶段的合作社，一方面市场形成的真正前提还不具备，另一方面唤醒了经济主体在影子经济的框架内实现自己的权利，或者处在同整个经济环境经常斗争的状态下，在这种经济环境里他们很难成为胜利者。在整个经济范围内不可能解决将合作社纳入国民经济体系的问题的情况下，实际经济中作为国民经济特殊形式的合作社的本质发生了变化，它的活动取得了与我们的期望相反的效果，这导致对经济行为自由化思想的怀疑。

可以肯定地说，社会主义国家关于所有制结构的官方定义是远离事物实际情况的，我们不能回避对中东欧国家改革前私人部门活动范围、形式和特点的分析。

四　社会主义国家经济中的私有部门：
正式形成与非正式形成的

如果根据所有制的纯粹法律解释和官方的统计数据，就会得出虚假的结论，按照这一结论，实际上中东欧国家在 20 世纪 70—80 年代是不存在私有制的。按照官方统计，捷克斯洛伐克的国有经济部门在 1986 年国内生产总产值中的比例达到了 97%，民主德国 1985 年达到 96.5%，苏联 1985 年达到 96%，波兰 1985 年达到 81.7%，匈牙利 1984 年达到 65.2%①。宪法承认私有制的存在，对其实质的理解经过了若干阶段。长期以来，个人所有制在立法上仅限于对生活资料的占有，随着多次修改，才逐渐承认社会主义制度下存在生产资料的个人所有制，而且只涉及集体、国有部门工作人员的个人副业。其突出特点是在社会主义生产资料所

---

① Данные национальной статистики.

有制总规模中只占微不足道的分量，且具有临时的、暂时的特点①。

社会主义国家的学术界经过了激烈的争论之后，个体和私人小生产得到了平反。为了避免意识形态的打击，在以下方面采取了重要措施。

首先不得不证明社会主义条件下个人所有制这种形式不仅在消费资料领域，而且在生产资料领域存在的理论上的可能性。这里指的不仅仅是失去相应经济内容的一种法律形式，而是与共产主义生产方式初级阶段的生产关系相符合的一种特殊的占有形式②，而所谓的证明不是通过事情发展的现状，而是援引经典作家的原话③。

随后逐渐承认了社会主义制度中一系列不符合社会主义特征解释的个体生产，这些小生产直到80年代中期和后期在一些社会主义国家都占有统治地位。在学术文献和党政官方文件中，承认了社会主义经济中的农村合作社的个人副业和其他社会部门工作者的个体补充经济是以生产资料的个人所有制为基础的，同时手工业或者维修类的工厂作为零散的手工业企业被宣布为私人所有制的对象。这种思想在一些社会主义国家的学术文献的研究中越来越热，在这些社会主义国家中，各种形式的个体生产与苏联相比不仅得到相当大程度的利用，而且在80年代得到了很大的发展。

欧洲社会主义国家的学者经过一系列研究后得出的结论是，这些国家存在的大多数个体生产、个体服务和个体贸易等形式的实际社会成分不符合私人生产和私人部门概念。相应地，建立在像私有制这种生产资料所有制形式基础上的概念的合理性也遭到了怀疑。他们还对有科学依据的标准进行了积极的探索，借此标准可以把真正的私人活动和其他本质上不是私人形式的个体生产形式区分开来。

在划分个体所有制和私人所有制的重要标准中，主要有：

——所有制客体的特点和规模。

——所有制的经济实现形式（参与国民经济关系体系的程度）。

——是否存在利用财产剥削他人劳动的客观可能性。

我们得出的一个结论是，按照上述标准，最简单的手工劳动工具生产

① 保加利亚人民共和国1971年颁布的宪法规定，允许为满足个人和家庭需要提供服务的个体所有制存在。小生产资金和个人的副业产品都列入了个体所有制。法律明确了个体副业可以支配的小生产资金的形式和数量。（София, Държавен вестник, 1971, №39.）

② Лушина Н. Л., Мелкое производство при социализме, Москва: 1988, С. 135.

③ Там же, С. 135－137.

是不能作为私有制出现的。因此，应该把它作为个体所有制的对象来研究，而且不仅限于个体副业经济中，还应扩展到所有以生产者和家庭成员的个体劳动为基础并在业已形成的社会主义经济中运行的所有小企业[①]。

上述学术探讨方向是在研究框架被意识形态严格限定的条件下进行的很有价值的尝试，并为小生产发展开辟了道路——这是在任何国家和社会经济制度条件下都具有重要社会意义的现象。因此，不应严厉地责备在那些分析过程中发生的违背事实、轻易歪曲和牵强附会。

与此同时，分析还表明，社会主义条件下实际模式中的私人所有制的规模、形式和内容与政治经济学教科书中描述的情况是有区别的。在分析社会主义类型的传统经济时，应该将私人部门理解为全部活动形式，包括合法的，也包括不合法的（常常部分是合法的，部分是不合法的），因此产生了收入或者发生了收入的再分配，这种分配或者根据土地和资本的私人所有制，或者根据个人或团体的重要作用，这些个人或团体往往以企业家或独立工作者的身份出现，并以获得个人或集体利润为自身的追求目标。

这样的活动应该被承认为私人的，哪怕在完成任务时使用的生产资料形式上是属于国家的，或者获得收入是由于私人集团和国家机构的密切合作。国家表面上甚至可以占有生产资料（如在国有产权租赁的情况下），但是没有可能监督对财产的使用或者享有私人活动的成果，而只是满足于租赁费。

在我们看来，将经营活动归为私人的最起码的必要条件是，个人或集体生产者有支配自己活动成果的权利，也就是有权出售自己的劳动产品并得到相应的收入。

下面我们将列举几个清楚的案例：

众所周知，在过去的苏联经济模式中，农业经济存在私人部门。土地归农民、国家或集体所有，在这种情况下部分国家或集体的土地以小块地段的形式转让给农业工人或者其他对耕种感兴趣的公民（占有权还保留在国家或集体手里）。然而耕种土地的人能够独立选择使用土地的方法和在市场上把自己的劳动产品出售给国家或者集体（继而使用权和部分占有权转归私人生产者）。

---

① Лушина Н. Л. , *Мелкое производство при социализме* , Москва: 1988, С. 115.

　　另一个私人活动的例子是在国有部门范围内影子经济的发展。这里所有者的三种权能表面上都属于国家。国家对资本和土地的使用方法做出决策，生产活动的结果也属于国家。然而有时候情况发生了基本上的改变。个人或者集体可能将一种、两种甚至三种权能全部占为己有。私人盗窃和使用国有企业工具的事实意味着，盗窃者侵占了所有者的全部权能。当一个群体——他们通常是国有企业的管理者，为了获得个人的利润而在黑市上出售一部分由正式计划规定生产的产品，并为了隐藏自己的犯罪行为而伪造必要的文件时，只是占有了其中的一个所有者权能即使用权[1]。如果在国有企业的框架下创立了一个平行的企业，该企业以组织者个人发财致富为目的运行，并为此使用国家的生产资料，那么这个群体就占有了两个权能——国有财产的占有权和使用权，而平行的企业在实质上变成了地下私人经济或者伪社会主义经济[2]。

　　上述案例很明显地证明了，在以往的社会主义类型的经济中，私人活动形式基本上并不完全是私人的，他们并不是百分之百非法的或者绝对合法的。它们的突出特点是处于合法和非法的边缘，介于私人和国家合作的边界。究竟哪一方面占优势取决于很多因素，其中包括政府对私人部门的态度，这种态度会随着时间[3]和国家的不同而改变。而影响政府对私人部门官方态度形成的重要因素是在某一发展阶段经济短缺的程度。

　　我们使用的私人部门概念同著名的第二经济概念[4]很相近。它们之间的主要区别在于，企业为了完成计划任务而从事的非法活动的规模（轻

---

　　[1]　Mars G., Altmann Y., "Case Studies in Second Economy Distribution in Soviet Georgia", *The Unofficial Economy: Consequences and Perspectives in Different Economic Systems*, Ed. by S. Alessandrini, B. Dallago. Gower: Aldershot, 1987.

　　[2]　Grossman G., The "Second Economy" of the USSR, Problems of communism, №9-10, 1977, pp. 25-40.

　　[3]　Falusné-Szikra K. A kistulajdon helyzete és jövője, Bp.: Közgazdasági és jogi kiadó, 1986.

　　[4]　"第二经济"的概念是由卡罗尔首次提出并使用的（Karol K. S., Conversations in Russia: New Statesman, June1971, pp. 8-10.）。他认为苏联时期长期并存着两种经济："一种是反映在统计数据中，工资和价格受到严格控制的正式经济，另一种是按照特殊规律运行，允许根据人的需要对资金和消费品进行再分配的经济。"这一概念在Г. Гроссман的研究中得到了扩展，他将此概念用来表示所有"在意识形态上异于苏联体制"的经济现象。在他看来，第二经济包括了所有与生产、交换和最大限度地满足以下需要之一有关的所有经营形式：一是旨在获得个人利益；二是在与现行法律的冲突中寻求出路。

微的计划失灵)①。下面使用的不可调控的经济②这个概念不符合私人部门的概念，因为它没有包括合法的私人活动形式。这一专业术语包含了处于合法和非法边缘的所有活动形式。那些完全非法的私人活动形式也在不可调控的部门范围里（如没有营业执照的手工业者的经济活动）。苏联模式下经济中的私人部门结构③如图1所示。

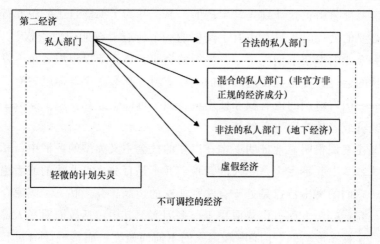

图1   私人部门概念的构成

---

① "轻微的计划失灵" 这一概念曾被 П. Уайлс 在一次学术交流中使用，用以证明 "苏联经济领导者的实践常常为了达到更重要的目标而忽视其详细的计划中的细节，他们并不遵循完成产品种类上所有指标的要求；经常超额支出工资，采取不正当的途径采购原材料"。（Wiles P. "The Second Economy, its Definitional Problems", *The Unofficial Economy : Consequences and Perspectives in Different Economic Systems*, Ed. by S. Alessandrini, B. Dallago, Gower: Aldershot, 1987, pp. 21 - 33.）

② 不可调控的经济是指不被列入中央计划框架内的非社会主义经济。

③ 人们曾多次尝试将第二经济分类，最有趣的一个尝试是由 A. Каценелинбойген 进行的。（Katsenelinboigen A. , "Coloured markets in the Soviet Union", *Soviet Studies*, 1977, No1, pp. 62 - 85; Katsenelinboigen A. , *Studies in Soviet Economic Planning*. N. Y. : 1978.）

第二章　向更有效的产权结构过渡：
战略选择的理论依据

前面章节中进行的分析表明，中东欧国家的产权分配实际上与社会主义政治经济学教科书中通常描述的情况有很大差别。对于业已形成的所有制关系而言，其特点是极其紊乱的国有企业产权分配格局和不可调控的经济领域的不断扩张（与此相应的是不明晰的所有制关系），并渗透到社会经济制度的所有要素当中。在这种情况下，在一些试图通过扩大初始经济环节的权利来使经济制度更加灵活有效的国家里，出现了法律上固定产权和实现它们的经济可能性之间不相符合的现象，所有这些都强化了经济制度的不稳定性，加剧了危机现象。

事实上所有人都很清楚，行政命令经济是病态的，人们逐渐地相信，唯一理智的出路——向市场经济过渡。被提议的关于过渡的道路、必要的步骤和顺序、改革的速度等问题引起了激烈的争论。由于一系列原因（如在 20 世纪 70—80 年代一些拉美国家实现稳定计划的成功经验，由大规模经济活动的自由化所承诺的快速自动生成的经济效率，相信市场这只看不见的手，等等）[1]，最后那些赞成后社会主义国家尽可能快地实现经济自由化、推行大规模私有化并将货币主义理论作为改革意识形态的人的观点获得了胜利。

一　有关私有制优越性依据的学术争论

关于私有制在现代社会发展中的作用问题，不同的经济流派对此有不

---

① 详见 Евстигнеева Л. , Евстигнеев Р. , "Экономическая мысль в странах Центральной и Восточной Европы", *Вестник научной информации* , 1996，№2。

同的解答。那么以社会市场经济模型为基础的新自由派的理论家认为，私有制是经济的重要组成部分。奥伊肯、缪列尔－阿尔马克、埃尔哈特和列别克的著作中都曾不止一次地强调私有制的意义。自由主义经济学家把私有制看作是经济和个人自由的源泉和保证。对于他们来说，私人产权的形成是经济和社会政策的基本问题。生产资料私有制发挥刺激和控制功能，没有了生产资料的私人所有制，市场经济就失去了制度基础①。

如此，企业必须实行私有化的思想是建立在这样一个基础上的，即人们确信私人公司永远比国营公司运行得更加有效率。在这种情况下，私人公司经理激励制度的特征被作为基本理由提了出来，还有私人公司遇到的外部限制问题。

国有化的批评者将私有制优越性的经济依据建立在效率概念的基础上。他们认定有效运转的经济制度的基本功能和作用是：

——创新精神和责任感；

——硬预算约束；

——竞争；

——决策分散化或经济决策权下放；

——风险管理；

——解决所有者—经理人问题（委托人—代理人问题）；

——资本的流动性。

按照私有制优越性拥护者的观点，只有在私有制的基础上上述功能才能有效地实现。

上述列举的有效运行的经济制度功能中至少三项功能的实现在很大程度上直接依赖于经济主体的独立性程度，这是非常重要的因素，但又是远远没有具备的保证任何一种所有制形式生命力的充分条件。

问题产生了，经营主体的独立性和与此相应的自主性是否是由产权的形式决定的？在何种程度上一种所有制形式能够建立或者无法建立让市场代理人采取有效经济决策的适宜条件？

我们在第一章中进行的分析证明了财产权利的使用充分依赖于社会的认可。中国的经济学家李松也得出了这一结论，他认为，"所有制形式是

---

① Grundtexte zur Socialen Marktwirtschaft, Band 3, *Marktwirtschaft als Aufgabe*：*Wirtschaft und gesellschaft im Ubergang vom Plan zum Markt*, Stuttgart－Jena：Gustav Fischer Verlag, 1994, S. 11.

由地域性社会全体创立的,在各种利益集团的博弈中形成的,并随着时间和各种制度环境的变化而变化。因此理论上可能存在无数的产权类型"①。近年来,西方关于履行契约、工业组织的文献中积极讨论不断加强的放松产权的趋势也并非偶然,这次产权的放松是在政府实施的对资产的使用和由此获得的收入的限制下发生的,同时也限制了企业主将自己的部分权能转让给他人的自由②。

应该同意俄罗斯著名经济学家库兹涅佐夫的观点,他认为理论上没有什么能妨碍立法和执法权力机关为各种所有者身份的生产组织领导者建立平等的经济决策条件。例如,对私人股份公司的经理和国有企业的领导。国家作为最终一级的仲裁者明确现代所有者的一系列权利和义务,继而明确了经济行为的自由程度。任何经济负责人(经理)不仅服从于市场竞争这只无形的手(他们通常竭力想摆脱这只看不见的手,一有机会就企图滑向并隐藏到某种垄断领域),而且经常服从于以议会、政府和行政机关为代表的国家这只看得见的手。在缺少福利的经济中证实,法律规范构筑了制度障碍,它决定了竞争这一市场调节机制主要力量的质量③。

那么,市场主体在决策中的自由程度在很大程度上预先由现行的标准规章条例决定了。一种所有制形式在履行有效运转的经济体制职能时,它的生命力首先取决于企业运行所处的竞争环境质量,还有企业的规模(集团管理的效率在很大程度上不是由所有制形式决定的,而是由企业的规模决定的),以及资本多样化的程度(在风险管理的情况下)和经济制度的运行效率。

由于在过渡经济条件下国有部门和私人部门同样促使了垄断行为,那就意味着:

---

① Sun L. , "Emergence of Unorthodox Ownership and Covernance Structures in East Asia: An Alternative Transition Path", *Research for Action* 38 , Helsinki: WIDER , 1997 , p. 10.

② Campbell J. , Lindberg L. , "Property Rights and the organization of Economic Activity by the state", *Amarican Sociological Review* , 1990 , №55 , p. 635; Walder A. , "Corporate Organization and Local Governance Property Rights in China", *Changing Political Economies: Privatization in Post - Communist and Reforming Communist States* , Ed. by M. Vedal, L. : Lynne Rienner Publisher, 1994.

③ В. Кузнецов, *Приватизация: чему учит мировой опыт* , под ред. Болотина, Москва: 1993 , С. 16.

——导致工资增长，并成为带来通胀压力的因素①。

——失去实现有效新秩序的兴趣②。

——从企业领导角度忽视资源的配置，导致资源的非理性分配和缺乏经济行为的灵活性③。

很难否认，实际中各种规章条例从来也没有中性地对待过各种产权形式。对于个别的所有制形式实行过特殊的优惠的公款制度和信贷制度。减轻还是取消，这取决于私人企业和集体企业运行和成立的规则与状况。

原社会主义国家经济改革最初的年代也显示，保证各种所有制形式之间平等竞争条件的原则很少在改革思想中占据主要地位。例如，波兰的国有企业通过歧视性的税收制度被有意识地处于比私人企业较差的地位。不论实际经济状况如何，都拒绝给国有企业投资信贷，没有利润核算和申请恢复基本基金就会罚收资本税。外国的援助和信贷实际上百分之百地全部用于私人企业的发展（而且这曾经是提供援助的条件）④。

类似的情况在社会主义建设阶段的大多数实践中完全一样地重复再现过，当各种所有制形式被提供了原则上并不平等的经营条件时，在比较活动结果的基础上得出了一种所有制形式在其他所有制形式面前具有明显优

---

① 按照约瑟夫·萨克斯的观点，国有企业员工提出的无法抑制的提高工资的要求是影响中东欧国家通货膨胀压力的主要因素。他认为，只有私人所有制才是最终抑制工资无休止地增长的唯一方法。（转引自 Riha T. , "Sources of Private Property and Wealth Formation", *International Journal of Social Economics* , 1996, №4 – 5。）

② Aslund A. 和 Pilikan P. 强调，只有私人所有者才能够发起有效率的创新行为。（Aslund A. , "Principles of Privatization for Formerly Socialist Countries: Stockholm Institute of Soviet and East European Economics", *Stockholm Working Paper*, 1991, №18; Aslund A. , "Principles of Privatization", *Systemic Change and Stabilization in Eastern Europe*, Ed. by L. Csaba, Dartmouth: Aldershot, 1991; Pilikan P. , "Evolution of Structures: Schumpeter Efficiency and a Limit to Socialist Economic Reforms", *Stockholm Institute of Sovietn and East European Economies* (Working Paper), Stockholm: 1990, №2.

③ 科尔奈、利普顿、萨克斯和奥斯兰德及很多其他人认为，只有节俭的私人所有者才能够有效地利用资源，而社会或国家所有制经常会导致企业领导支配资源时的浪费、不合理的分配和企业行为的不灵活性。（参看 Lipton D. , Sachs J. , "Privatization in Eastern Europe: The Case of Poland", *Brookings Paper on Economic Activity*, 1990, №2; Kornai J. , The Road to a Free Economy. N. Y. , 1990; Aslund A. , "Principles of Privatization for Formerly Socialist Countries" . Stockholm Institute of Soviet and East European Economics, *Working Paper* , Stockholm: 1991, №18. Aslund A. , "Principles of Privatization", *Systemic Change and Stabilization in Eastern Europe*, Ed. by L. Csaba. Aldershot, Dartmouth, 1991.)

④ *От кризиса к росту: Опыт стран с переходной экономикой* , Москва: 1998, С. 100.

势的结论①。这样，即使国家行政机关对有些所有制形式的不公平态度不是产权本身经济效率差别的唯一原因，那么至少也是重要的原因。

那么，我们提出的关于私人所有制优越性的讨论源头已久，很显然，瓦格涅尔是正确的，但所表述的观点很难用经济理论来证明②。在我们看来，引用对个别国家某一发展阶段的经验分析是远远不够的，评论一种所有制形式的优劣只能具体地、历史地，在同其他另一种具体历史的所有制形式的比较中进行。如果一种所有制形式在一个特殊的历史阶段跃居首要位置，而其他所有制形式退居到次要位置，那么发生这种事情并不是因为从其本性看接近所有制的实质，只是较好地反映了当时社会生产体系的需要。

这样，在中东欧国家体制转换后积累的经验范围内，很多忠实的私有制优越性崇拜者必须承认，"经典社会主义制度下的国家并不是那么坏的所有者，整个体制是这样设计的，对于企业的管理部门而言，产品和服务的销售从来不是问题——市场和需求永远存在，拓展国外市场的国家行为以及保护国内市场不受进口的冲击正是为此服务的。例如，经互会在匈牙利国家向西方的开放。开放到何种程度，这是一个重要的问题，我们只是意识到，当市场随着政治体制的崩溃一同消失的时候，国家竭尽全力试图保护自己的企业不受竞争和破产倒闭，在绝大多数情况下是成功的"③。如果综合评价具体企业的命运的话，那么可以说，国家在本质上是一个很好的所有者④。

集体所有权与个人主义和民主是根本不相容的。为了达到财富的最大化，约束个人的偏好，集体力量在某种情况下确实是必需的。研究国家开支的经济理论表明，从来都存在并将永远存在这样一些商品和服务，它们需要不同于私人生产与分配的生产方式与分配方式。例如，梅尔曼认为，"某些亏损的国家开支是不可避免的，如果总是存在性格上能够容忍的人

---

① 详见 Глинкина С. П. , *Кооперативы в экономике социалистических стран* , Москва: 1989, С. 34 - 42。

② Вагнер Х. Ю. , Частная собственность и управление в переходных экономиках, Москва: Politekonom, 1996, №1, С. 51.

③ 这一思想在文献中首次形成于 Андраш Надь。（Nagy A. , "Social choice in Eastern Europe", *Journal of Comparative Economics*, 1991, №2, pp. 266 - 383. ）

④ 引自匈牙利私有化和国有资产管理局局长彼得·米哈伊尔1996年5月3日在柏林自由大学对俄罗斯企业家的演讲报告"国有企业转轨前的经营活动效果"。

群的话。否则就会出现很低的生产规模和需求的社会状况"①。格林别尔格和鲁宾斯坦恩的专著《经济社会动态》中很多章节对这一问题进行了研究②。

二　后社会主义国家中推行私有化必要性观点的缘起

很明显，社会主义制度下存在的所有制结构远离最优状态，并要求重大的改革，尽管在 20 世纪 60—80 年代为解决这一问题在局部和深入的经营管理机制框架内进行的多次尝试证明了这一点。毫无疑问，市场调节机制要求生产分散化，为经济上独立的、拥有决策自由并能承担行为后果的生产单位之间展开竞争创造条件。那么是否因此应该说，正是私有化创造了更有效的调节机制？有证据认为，"没有一种产权形式自身能够从国民经济的角度保证有效地运用和使用资本，只有靠所有社会再生产参与者的一套具体的经营管理权力组合才能提供这样的保证"③。

也有理由认为，在选择私有化作为后社会主义国家产权关系改革战略时，经济设想并不起决定作用，或者至少与政治和社会改革设想同时考虑。

至于私有化的政治原因，格罗斯菲尔德和利普顿、萨克斯和其他学者强调，中东欧国家的政治民主刚刚萌芽，没有健康的市场经济和充分发展的私有制，在民主化的过程中就会永远存在向后倒退的危险。因此，私有化是为有生命力的民主奠定坚实基础的最好方法④。实际上，私有化被看作是由于建立新的社会结构而使政治力量从基本上得到重新分配，从而使社会发生不可逆的转变的一种机制。很多政治家推断存在不可逆点，在这一点上结果不能再发生改变，经过一定阶段后那些初始条件已经不可能重新得到恢复。大多数知识分子虔诚地相信，大规模的激进的经济改革将会排除在下一步选择时改变改革方针的任何可能。

---

① Meerman J. , " Are Public Goods Public Goods?", *Public Choice*, 1992, №4, pp. 45 – 57.

② Гринберг Р. С. , Рубинштейн А. Я. , Экономическая социодинамика. Москва: 2002.

③ В. Кузнецов, *Приватизация: чему учит мировой опыт*, под ред. Болотина, Москва: 1993, С. 16.

④ Lipton D. , Sachs J. , "Privatization in Eastern Europe: The Case of Poland", *Brookings Papers on Economic Activity.* 1990, №2, p. 293; Grosfeld I. , *Privatization of State Enterprises in Eastern Europe: the Search for a Market Environment.* Mimeo: Delta, 1990.

这样，私有化被看成是摧毁社会主义遗产的有效工具，这些社会主义遗产被向市场经济过渡的建筑师们一致认为是纯粹的债务，因为意识形态方面的原因而被扫除掉。在这一计划中他们的态度与二战后的意大利、德国和日本在这方面的态度有很大不同，当时这些国家为了复苏，实用地继承了任何一种积极的遗产①。

中东欧国家的很多政治集团认为，未来的资本主义在东欧一方面将作为靠千百万小私人业主支撑的政治和经济双极体制，另一方面有强大的中央集权的国家。从历史上看，这一概念起源于德国 20 年代的魏玛共和国和匈牙利 30 年代的战前体制。这种体制下是在选择由国家推行还是指派的过程中建立小私人业主集团的，国家以政治信仰作为交换，为这些小私人业主在获得产权方面提供帮助②。在这种方法下，感激、忠诚和依赖重新把新生的所有者同当权的政治力量紧密地联系在一起。在这种意义上，小企业家的资本主义思想与私有化战略制定阶段广泛讨论的补偿观点交织在一起。

为了保证广泛的政治忠诚，在中东欧关于对那些共产主义革命前拥有财产的人和因社会经济制度转变而被剥夺财产的人恢复公平的问题被提了出来。主张将国家财产全部或部分重新私有化的捍卫者确信，在所有没收的财产没有返还给原所有者之前，私有财产的神圣性是不会在中东欧得到恢复的。要求返还国家的或没收的财产成了合并后的东德私有化的开始。重新私有化在捷克斯洛伐克、保加利亚和匈牙利成了争论的焦点。在东德有一百五十多万关于返还财产的申请递交到保护机关。匈牙利的赔偿法提到，根据 1996 年底的数据，有两百多万居民或者三分之一的家庭递交了申请。捷克按照小私有化法有 3 万居民涉及补偿，1 万人按照大私有化法涉及了补偿③。

在俄罗斯另一种逻辑占了上风。这里人们常常讨论的不是确立千百万

---

①　Амсден Э.，Интрилигатор М.，Макинтайер Р.，Тэйлор Л.，*Политическая экономия развития о стратегии эффективного перехода*，Москва：1995，С. 8.

②　上述观点由 Д. Старк 在有关匈牙利的研究中提及（Stark D.，"Path Dependency and Privatization Strategies in East－Central Europe"，East European Politics and Societies，1992，№1.）。

③　Bulgaria，OECD，*Economic Survey*，1997，pp. 114 – 117；*Privatization in Poland and East Germany：Comparison*，Working Paper №182 – 183，Müchen：Osteuropa－Institut，1995，pp. 513 – 552；Buchtikova A.，Privatization in the Czech Republik，Warsaw：Center for Social and Economic Research，1995，p. 13.

私有者的资本主义的必要性，而是建立 25—30 个巨大的私人资本，大部分经济都应该卷入它的职能范围。在 1996 年总统大选前夜的转折关头，这一想法通过瓜分政策形成经济部门的办法得以实现，即通过抵押拍卖的方式把国有财产分给自己人、可靠的人和保证大选胜利的人。

这样，私有化应该服务于培养支持新政权的社会政治集团。

西方学者事先警告过，没有国家启动的急剧的全面的私有化，也可能发生有自己特色的激进的或者自发的私有化，也就是由领导阶层的代表（主要指企业中的厂长、经理和上级主管部门的领导，译者注）把国有资产瓜分掉。他们认为存在这样的危险是中东欧私有化最重要的原因和动力[①]。实际上，这些顾虑也证明了对社会主义社会经济制度权力结构的代表们恢复社会主义的可能性或至少保留社会经济制高点的担心。

事实上，所有的中东欧国家都经历过我们称之为自发的或领导阶层的的私有化阶段。波兰大多数国有企业的领导者都建立了我们称之为领导阶层的企业。为了实现这些目的，他们在社会上明显短缺的条件下积极利用企业的资源。在俄罗斯，一整套法令的实施为自发私有化的发展准备了土壤（企业法、集体企业法，等等），这些法令保证了国有企业的领导者在缺乏影响其行为的市场机制的情况下拥有充分实际的行动自由。在租赁——集体的虚假繁荣条件下，为将企业的国有资产以这样或那样的形式转到私人手里提供了巨大的可能性[②]。

分析表明，中东欧国家实际上对自发私有化这一现象的评价是有差异的。例如，波兰曾经引发了在司法程序下根据自发私有化的结果重新修订已成交合同的过程，俄罗斯私有化被看成了拿权力交换财产的一个工具。

与此同时，私有化战略是建立在这样一个假定基础上的，即使旧的政府官员和领导丧失享有原有地位的可能是需要调整的基本问题，而这明显是没有前途的。一些学者公平地指出[③]，照此观点，当时最重要的是用新

---

① 详见 Major I. , *Privatization in Eastern Europe: A Critical Approach*, L. : 1994, pp. 54 – 55。

② 以一种最普遍的方法为例，国有企业或一些自然人是合作社的创立者，企业通常提供生产场地和设备作为启动资金成本。经过一段时间后，通过这种或那种借口，国有企业的创始人从合作者中退出，他们有权按照剩余价值出售他们提供给合作社的设备或将它赠送，或以优惠的条件将生产场地租赁出去。合作社只剩下自然人，这些自然人中间很多直接是企业领导或他们安插的自己人。

③ Kornai J. , *The Road to a Free Economy: Shifting from a Socialist System*, N. Y. : 1990; Grosfeld I. , "Prospects for Privatization in Poland", *European Economy*, Bruxelles: 1990, №43.

的民主的领导者替换上级任命的旧官员，而其他的事情会自动发生，这种观点是错误的。对于政治民主和私有制占统治地位的新生市场经济而言，现实的危险恰恰隐藏在这种决策的胜利中。用干部的重新配置代替根本的变化可能会为新的独裁和集权体制奠定坚实的基础。规则应该由宪法和法律来确定，而不是由新的政党和政府来指定他们中究竟谁更适合作为私人所有者。

不得不承认，很多过去的企业领导者是充当资本家角色的适合人选，因为他们拥有必要的信息和有效使用财产的知识和经验。不是由旨在反对国有企业领导的政治团伙，而应该由法律和经过深思熟虑的经济政策来阻止领导们为了私人利益使用获得的财产。

还有一个理由不能不提到，即20世纪80年代末90年代初中东欧国家为实施大规模私有化而提出的。根据很多分析家的观点，私有化曾经作为结束庞大的经济调节政策体系的唯一方法极其重要，"没有独立的私有制的出现，"——匈牙利学者马伊奥尔写道，"政治国家与管理领导企业的经济机构的结合将会占上风，也就是说，行政命令经济将会再生，这种经济与共产主义不同，是根据另一种意识形态的标准建立的。"[1] 应该同意匈牙利作者的观点，他认为，危险确实是实际存在的，就像俄罗斯的经验所表明的那样，在积极推行私有化的条件下[2]，危险很容易变成现实。

以往的后社会主义国家私有化目的的多样化证明了，那里人们实际上把向市场经济和民主过渡与私有化混为一谈。因此应该认为，私有化之所以是必须的，是因为人们选择了市场方案发展经济和其他的社会政治制度方案。

关于私有化是提高经济效率的因素的问题，大多数私有化过程的拥护者都坚信这一点，当私有制优越性问题被提出来讨论时，我们已经简短地中断了对这个问题的研究，但在分析中东欧国家私有化结果时我们又一次回到这一问题上来。然而应该注意的是，在90年代初期出现了一些新的理由，这些理由来自那些充分发展的转轨国家的土壤，建立在中东欧当前

---

① Major I., *Privatization in Eastern Europe: A Critical Approach.*

② 关于官僚集团阶级的形成机制参见 Бузгалин А. , Колганов А. , Закономерности переходной экономики, Москва: 1996; Глинкина С. , Теневая экономика в России. Москва: 1996; Glinkina S. , Die Kriminelle Komponenten der russischen Wirtschaft: Typen und Dimensionen, Berichte des Budesinstitut für ostwissenschaftliche und internationale Studien, Köln, 1997, №29.

金融财政问题分析的基础上。私有化被东欧政府的势力集团看成是恢复这些国家财政平衡的工具。众所周知,中东欧国家的财政失衡有几个方面,首先在中东欧国家社会主义建设年代积攒了巨额内部债务,这些债务与很多大型工程项目的启动有关。由于东欧政府可能会实际上免费地从国有银行借用资金,自然会增加国债规模。在匈牙利和波兰等一些国家,80年代的通货膨胀水平已经很高,市场利率和政府支付的低利率之间的差额自然增加了国债规模。

国家预算赤字实际上作为国债的一部分,一直使中东欧国家的政府处于紧张状态,迫使他们寻找额外的资金弥补预算开支。在这种情况下,出售国有财产的收入被看成是满足中东欧国家不断增长的政府财政需求的重要源泉。很多经济学家不止一次地指出利用出售财产的收入弥补财政窟窿的危险。然而,捞取轻而易举得到的财源并借此维持不断递减的声誉的诱惑对于中东欧国家的政府来说太大了。

还有一个利用私有化收入恢复财政平衡的理由(动因)与东欧国家累积的巨额外债有关。政府把部分国有资产看成了属于出售给外国投资者范围之内的商品。交易收入应该拿来偿还国债。表1列出了国家的内部和外部债务相关数据。

那么,我们已经列出了在制定私有化纲要阶段支持私有化的基本理由。应该注意的是,东欧国家政府内外相互对抗的政治集团彼此冲突的追求往往对私有化计划起决定性的作用。由于政治观点的分歧,私有化的实施方案和现实的实践之间经常严重脱节,而使结果远离最初的预想。

表1	东欧国家的内债和外债(占国内生产总值的百分比)					(%)
	1990 年	1993 年	1994 年	1995 年	1996 年	1997 年
保加利亚						
内部债务	35.6	37.2	52.0	39.6	63.4	26.7
外部债务	161.9	131.0	118.9	78.5	103.0	—
匈牙利						
内部债务	3.6	23.4	24.0	24.7	26.5	—
外部债务	56.8	60.2	59.0	61.2	46.8	—

续表

	1990 年	1993 年	1994 年	1995 年	1996 年	1997 年
波兰						
内部债务	—	9.7	10.9	14.0	—	—
外部债务	82.2	55.1	45.5	37.4	—	—
罗马尼亚						
内部债务	1.9	2.4	2.1	3.9	5.5	5.6
外部债务	3.0	—	—	18.7	19.6	23.9

三　私有化的实质:关于概念界定的传统观点和争议

　　私有化与所有制关系密切相关。所有制本身也反映了生产要素和生产结果占有方面的社会关系。按照有关的经济理论,正如前面已经指出的那样,产权可以被分解为以下几个组成部分——占有权、支配权和使用权。国有企业的私有化就是将财产从国家手里授予私人资本家的过程[1],在这一点上大多数经济学家是一致的。在学术文献和实践中存在的概念界定上的分歧首先和对产权授予规模的认识有关:私有化是否意味着授予全部的权能,还是仅仅授予其中的一种或两种权能? 对这个问题的回答基本上预先决定了不同的私有化战略。

　　按照第一种观点代表们的看法,所有制关系的改革过程(产权主体由国有的转变为其他形式的,主要是股份的和私人的)不一定触及上述全部三个产权要素。相反,他们认为,甚至在发达的市场经济国家也很少遇到完整的产权,因为有很多关于转让占有权、支配权和使用权的法规限制。因此在一些学者看来,私有化只能够包含一种或者两种权能,如没有支配权的使用权。

　　按照这种观点,德国学者区分了财产的私有化和任务的私有化[2]。

---

　　① 参看 Радыгин А. Д. , *Реформа собственности в России: на пути из прошлого в будущее* , Москва: 1994; *От кризиса к росту: Опыт стран с переходной экономикой* , Под ред. М. Дерябиной, Москва: 1998。

　　② Hamer E. , Gebhardt R. , Privatisierungspraxis: Hilfe zur Umstellung von Staats auf Privatwitschaft. Essen: 1992, S. 75.

在他们的论述中，财产的私有化既具有法律形式的特征（使用权、支配权和融资权的转让），又具有物质形态的表现（以转让所有权能的形式部分或全部地私有化）。法律形式上的私有化通常在以下情况下实施，比如，私人资本家在社会公益机构成立的规范的基金会中成为股东，或者由私人投资者建起了像幼儿园、学校和自治市政府这样的社会项目，并租给社会管理机构。法律形式私有化的主要目的在于，为重要的社会项目筹集资金而吸引私人资本家。整个法律形式的私有化和广义的私有化概念紧密地结合在一起，并且成为迈向狭义概念上的完全私有化的一个步骤，也就是说，走向物质形态的私有化，即减少掌握在国家手里的公共财富的比重。

任务的私有化在于管理职能的私有化或者两种形式的生产私有化——组织形式的私有化和职能形式的私有化。组织形式的私有化包括租让、补贴和改变企业的法律形态。职能形式的生产私有化与公共活动的销售和供应领域的私有化有关①。

在组织形式的生产私有化情况下，社会所有者（国家）保留了对产权客体活动的任务和目的的责任。国家将对实现任务的关心转移给私人部门，并监督其完成任务。职能式的私有化不仅局限于完成社会重大任务的组织形式，还假定有责任保持自己作为社会生活中正确的和适应时代的化身。职能私有化的意义在于国家限制了自己的责任领域并将部分任务转移到私人资本家的活动领域。同组织形式的私有化相比，职能形式的生产私有化是最高级的私有化任务，如同物质形态的私有化是最高级的财产私有化一样。

私有化概念在发达市场经济国家中有一系列广义的解释，了解和考虑这些广义解释对于理解后社会主义国家发生的过程以及未被他们利用的所有制关系转轨的可能性极其重要。因此，萨瓦斯认为："广义的私有化意思是最大限度地依靠社会的私有制度，最小限度地依靠政府来满足居民的需要。更狭义的私有化概念是指强化私人部门作用的行为或者弱化政府在支配和掌握金融资产中的作用。"② 由于这一过程使国家从所有制关系主

---

① Hamer E., Gebhardt R., Privatisierungspraxis: Hilfe zur Umstellung von Staats auf Privatwitschaft. Essen: 1992, S. 77.

② Savas E., "Taxonomy of Privatization Strategies", *Polity Studies Journal*, 1989 - 1990, Winter: pp. 343 - 355.

体的那些职能中被自动排除出去（如调节者），这些职能在市场竞争的经济体系中并不是它所固有的，也就是说，逐渐纠正过渡经济特有的比例失调的过程开始了。这一过程可以称作体制转轨范围内的非国有化。

如果私有化意味着用一切可能的办法增加私人部门在国内生产的份额，那么应该对达到这一目的的多种方法加以研究，包括正式的，也包括非正式的。在学术文献中已经把它们区分开来。德国经济学家在把私有化理解为企业现存资产的所有权从国家手里转让给私人部门的同时，还这样认为：

——组织手段（例如，建立新的私人企业，国有企业与私人公司进行机构与个人之间相互混合交叉的合作）。

——金融手段，这些手段规定把国家支付的费用转嫁到个人消费者头上。

——用国有部门的优惠服务保障私人企业。

——将国家投资到私人部门而获得的收入私有化①。

下列内容也被列入了私有化的广义解释：国有部门自主权的增加和它的去官僚化，摆脱一系列形式主义的限制，改变国有企业的旧有方针，以利润为目标，拉近私人企业和国有企业的活动条件，竞争激励并取消国有部门的垄断，减少国家公用事业的活动规模，报酬条件均等，按照私人公司的合同转变国家的职能，等等②。在这种私有化的态度下，私有化不仅是所有者的取代，而且是总的市场化改革过程中的一部分。

上述界定具有开放性的特点，它强调增加私人部门经济指标份额的动态角度，并不十分强调现有企业财产的再分配。事实上，私有化应该不仅仅是对现有资产进行再分配，也许首先应该为建立牢固的私人资本机制提供必要的基础。这种观点对于讨论选择适合后共产主义国家环境的私有化方案非常重要。

从中东欧国家已开展的转轨过程看，在对这种现象的广义理解上，基本上可能存在三种相互关联的私有化战略。

——通过授权进行私有化：提供给予私人部门合同、许可和补贴，为

---

① 详见 Государственная собственность в развитых капиталистических странах в 80 - е гг.: курс на приватизацию и создание смешанных предприятий. Москва：1989，С. 187 - 189。

② The Privatization of Public Enterprises: a European Debate, Annalys of public and cooperative economy, Liege：1986，Vol. 57, №2, p. 142.

开展早已处于国家职权范围之外的经济活动提供解决措施。

——通过私人部门的代表取代国家解决经济任务的办法进行私有化（解除同国有企业的合同，减少国家对经济的干预，等等）。

——通过放弃占有权进行私有化：出卖或者清算国有资产。

通过授权私有化——事实上这是公私伙伴关系的发展，是在混合经济理论基本原理背景下形成的一种经济政策和实践。

公私伙伴关系这一术语于 20 世纪 80 年代出现在经济著作中（Public-Private Partnerships①），主要是由于自然垄断部门企业的自由化而产生的，即公共事业网（如天然气、水、供暖、供电）、交通运输、电力这些部门。当时英国、瑞典和爱尔兰成了将国有财产和提供公共服务的权利转让给私人企业最积极的拥护者。他们成了欧洲最早建立公私伙伴关系管理机构和法律环境的国家。

欧盟领导机构在公私伙伴关系问题上表现出制定法律规范的积极性。1992 年欧盟出台了第一个文件，规定了向私人部门提供公共服务领域合同的规则和手续②。1993 年欧盟又公布了三个有关将一些国家垄断部门授权给私人部门的文件③，关于公私伙伴关系的部分问题在个别市场领域私有化方面的欧盟规范法令中也有所涉及：电力部门、天然气、铁路部门等④。2004 年 4 月份出版了关于《公私伙伴关系与关于政府合同、租让的组织立法》绿皮书⑤。

公私伙伴关系——这是经济管理的半私有化形式。在公私伙伴关系的框架下，第一，国家仍然是基础设施的所有者，将支配权保留在自己手里，而将占有权和使用权转让给私人部门。第二，国家仍然对社会基础设施网和自然垄断部门的经济运行负责。所有居民生活保障系统和企业的基本工作原则仍然保留（如连续性、自由准入、没有歧视等）。第三，为了使公私伙伴关系中的私人企业提供的服务保持在应有的水平

---

① 国内文献中可以遇到对这一术语的各种译法："公私伙伴关系"、"私人与国家伙伴关系"、"国家与私人部门的伙伴关系"。

② Council Directive 92/50/EEC of 18 june 1992.

③ Council Directive 93/36/EEC, 93/37/EEC, 93/38/EEC of 14 June 1993.

④ Directive 91/440/EEC of 29 July 1991, Directive 96/92/EEC of 19 December 1996.

⑤ Green Paper on Public – Private Partnerships and Community Law on Public Contracts and Concessions. Brussels: 30. IV. 2004.

上，国家建立了专门的控制和调节系统①。这一体系对于公私伙伴关系的有效运行有一定的意义。例如，2004 年世界银行关于《基础设施改革——私有化、调控和竞争》的报告中公布的基本结论是：国家针对私人公司活动的调控体系是公私伙伴关系的要素，应该在基础设施领域改革之前就制定出来②。第四，公私伙伴关系这一项目的风险由国家和企业之间分摊，并在专门的合同文件中固定下来。在这种情况下形成了相当复杂的风险保障体系，加入这一体系的有国家、私人部门，还有国有的保险公司。

这样，在现代的理解中，公私伙伴关系是一种为了在广泛的活动领域中实现一些重大社会工程，在保留国家监督与调控作用的前提下而建立的战略性的、制度化的组织联盟：从基础工业部门和科研实验设计工作到公共服务的提供。

欧洲存在各种公私伙伴关系的分类法，这反映了一个事实，即公私伙伴关系这一新生事物的学科术语和概念工具是站不住脚的。按照最一般的办法可以区分出以下几种基本的公私伙伴关系和各自的特点。

——政府合同：关于完成拨款、规划和建设方面任务的合同，管理合同，提供公共服务的合同，提供国家必需产品的合同，提供技术支持的合同等。它的突出特点是行政形式，以及作为契约对象的财产并不从国家手里转移到私人手里。所有合同范围内的活动（施工、材料采购、服务等）通常靠国家资金实现，并限定了合同谈判的条件、开支预算和其他文件。公共承包单位没有权利任意支配预算中获得的资金，国家承担相应的基本风险。

——国有财产的租赁（厂房、设施、设备等），包括国家财产的长期租赁。租赁要求将国有或市有的财产转让给私人部门（土地、设备、房屋住所等）暂时使用并付租金，其主要目的是使国家获得租金。

——公私混合企业。这种企业可以通过股份制或公司化的办法成立，或者在各方不发行股票入股的条件下成立。在这种企业中私人部门的自由程度由其在投资中所占的份额决定，参与者承担的风险同样由这一比例决定。

---

① 例如，英国的这一职能是由 2001 年成立的附属于财政部的 UK 伙伴关系管理局（由 60 个工作人员组成）履行的。

② *Reforming Infrastructure: Privatization, Regulation, and Competition*, (Policy Research Report), Wash.: (D. C.) World Bank, 2004.

——各种形式的租让：建设—管理—转让，建设—管理—占有，等等。产品分配的协议比较接近这种形式。租让与行政契约和租赁具有的共同特点是：标的、谈判基础和费用。同时租让是公私伙伴关系的特有形式，其特点是长期性（通常国家财产的租让会长达几十年），承租者的投资担保，租让方和承租者之间复杂的风险分担机制，等等。租让与其他形式的公私伙伴关系在权利方面的主要区别是，租赁、合同制和混合企业在民法领域框架下运行，而租让不仅在民法范围内，还在公法准则的框架下运行，政府常常要为租让制定专门的法律。

从租让的投资过程看，交给私人企业支配必须以生产资金的净增长为前提，其目的在于通过扩大新的生产和现有生产的现代化增加资金，这些方法主要用来解决国家财产领域的投资问题。

我们来详细分析第二种可能的私有化战略——通过私人部门的代表取代国家。这种观点的赞成者认为，为了授权、派遣或者实施替代，在社会主义建设阶段占据主导地位的国有部门首先应该退出某些活动领域。然而这种退出原则上可以通过各种途径实现。一些学者建议通过国有部门或其中一部分事先撤资为实现授权和替代战略准备必要的空间。他们把国有部门撤资理解为一种金融过程，在这个过程中国有部门形成的资金流在很短的期限内转到私人企业中。按照他们的观点，这一阶段有两种在后共产主义经济中推行私有化的方案：传统的私有化——放弃所有者的权能，另一种是较特殊的私有化——通过国有部门撤资和私人部门增资，后者是在很短的期限内对公共部门进行革命性清算的尝试。

那么，这指的是什么呢？

这种观念的出发点是，关于首先应该保障私人部门建立新资本的条件，而将现有企业的财产转让给他——这是第二方面的措施。这种观点的支持者强调，将国有财产转让到私人手里——反正都一样，只不过是新酒倒进旧皮囊。因此他们坚决赞成建立新的投资体制并保证私人部门对财产的全权控制。

"就像共产主义制度利用农业部门和轻工业支持重工业的增长一样，"杰姆宾斯基写道，"私有化也可以通过国有部门撤资作为利用公共部门支持私人部门发展的战略。正如中央计划经济的财政体制曾经是国家控制经济并直接干预的工具一样，当前建立私人经济活动的激励机制不仅是必要的，而且必须利用国家直接干预的手段摧毁现有的结构。为了使私人部门恢复活力并逐渐降低公共部门的份额,只有让直接杠杆和间接杠杆相结合才可能更有效。"①

利用国有部门撤资。私有化的支持者赞成国家所有者为开展大规模关闭新条件下无效企业的行动负责。摧毁旧有的结构,也就是对有发展前途的企业无论是进行清算还是重组,都应该借助市场机制。

按照此类观念支持者的看法,公共企业应该取消征税和使用折旧提成方面的任何优惠,这将使他们的投资能力急剧下降。利润回笼(撤出)机制的选择被赋予了特殊的地位:要做到这一点,或者可以通过以物质资产价值收支平衡为基础的等级税收的办法,或者通过简单的符合明确规定程序的利润回笼(撤出)办法。利用征税作为撤资的手段,事实上会导致企业被划分为三类:第一类是交纳税收后仍然保持着投资能力的企业;第二类是无力继续投资的企业;第三类是不能缴纳税赋的企业和那些按照上述要求应该通过国家直接干预而被清算的企业。从技术角度看,抽取利润看上去是更复杂的过程,因为在这种情况下必须单独同每一个企业打交道,而且这为谈判留有余地,并促使企业隐瞒部分收入。

从公共部门撤出财务资金应该是流向私人部门最便捷的途径,私人部门借此实现实际资本的扩张,即获得新的生产资金或者收购公共部门被清算企业的资产。这些资金也可以被用来作为建立新投资银行或那些类似于地区保障基金、抵押银行等专门机构的资金,还有也可用于发放低息借款,资助新成立的企业。

按照这种观点分析者的看法,通过国有部门撤资的途径进行私有化:

——可以提供使经济同时进行多方面重组的可能,而取消财产占有权只涉及财产法律形式的转变问题。

——把公共部门看成一个完整的企业并因此具有了宏观经济的特点。

——作为宏观过程,可以在严格限制的时间范围内推行,而通过取消所有者权能推行私有化的期限不可能事先确定。

——有助于在居民中产生从事私人经济活动的强大刺激因素(而另一种方案——取消对财产的占有——可能会产生这样的印象,即保留原有的财产制度,为不健康的金融投机提供适宜的土壤)。

---

① Dembinski P. , *Towards an integrated approach to privatization of post – communist economies*, Eco – Diagnostic Analyses (Geneva) and University of Friburg, 1991, September. p. 14.

——本身作为经济制度改革的规划;如果这个规划由政府负责,那么这应该成为政府的要务,因此为实现这一规划应该利用所有的政策工具;而通过取消所有权的私有化则相反,可以在任何经济形势下推行,怀有不同程度的决心,选择不同的速度和规模而因此无限拖延下去①。

这样,通过国有部门撤资进行私有化成了采用集成方法对待体制转轨的代名词。

这些措施理念发明者的评价引起我们极大的兴趣,按照他们的观点,这些措施和他们作出的评价是极不相容的。其中详细的稳定化措施巩固了体制中的伪市场金融纪律,在这种体制中,实际上完全缺少必要的市场机制。类似的措施在杰姆宾斯基看来是绝对低效的,因为这会促使产生恶性连环反应。他认为,在收入和支出遇到巨大变化的时候要求预算平衡是不理智的。他反对经济运行机制的统一化,也反对绝对平均的再分配措施。中东欧国家积累的发展经验证明了这些担心的合理性。

这种观点没有被中东欧国家真正付诸实践(波兰转轨的最初阶段曾进行过一定的尝试),然而将大量资金从国有部门转移到私人手里的暗箱操作在一大批国家中非常猖獗,在这方面俄罗斯是典型的例子。

从理论角度看,这一观点在以下几个方面是引人注意的。第一,这些观点的持有者对通过放弃或取消所有权的私有化的弱点进行了公正的分析(表面性、与不可避免的企业重组的弱关联性、延长推行的时间等)。第二,指出在私有化过程中有必要特别注意国家金融资产向私人部门的转移。第三,杰姆宾斯基提出的建立专门的金融体制的任务被认为是有意义的,而且是重要的,这一体制负责保障私人资本的自我增值等。

第三个战略作为中东欧国家和独联体国家的基本战略,是建立在非常狭窄的、肤浅的私有化理解基础上的。至少在新千年伊始,在意识到依照简化的药方进行转型改革的过程中国家遇到的严重问题之前,私有化被理解为把财产整个地从国家转移到私人部门,也就是全面授予占有权、使用权和支配权。将现有国有企业的资产所有权转移到私营部门,归根到底转移到私人经济领域成了注意的中心。从某种意义上说,这种解释的私有化的近义词就是非国有化。现存的企业被认为是可以接受的生产要素的组

---

① Dembinski P. , *Towards an integrated approach to privatization of post - communist economies*, Eco - Diagnostic Analyses (Geneva) and University of Friburg, 1991, September. p. 14.

合。在这种情形下，人们对私有化的所有期待，是当国有部门把自己的资产交给私人部门的时候，资产所有权在"零结果"的范围内在经济关系的参与者之间进行再分配①。

在相当长的时期里，后社会主义国家的改革者们并没有注意到很多西方经济学家们的警告。按照世界银行首席专家格雷的观点，私有化不仅是产权关系的替换，也是经济有效运转的前提产生的过程。因此，美国学者将企业集团管理机制的形成问题和企业适应市场条件所必需的制度形成问题，列入了私有化概念②。

在中东欧和独联体国家的实践中，正式的私有化过程至少还增添了以下三个过程:

——以影子经济为基础积极进行的非正式的私有化，主要涉及金融领域，并将国家预算资金、商业银行的信贷资金和居民的个人储蓄转移到私人手里。

——有意或无意的国有部门的撤资行为。

——私人基础上的私有部门的形成。

我们之所以如此详细地陈述私有化的各种不同观点，是想告诉读者，在一些国家向市场经济体制过渡的初期阶段，关于产权关系转轨问题的理论研究角度是多么宽泛。其中的很多观点或成分曾在发达资本主义国家得以实现。

在随后的中东欧国家私有化分析中，我们将基于这样的私有化理解，即私有化不仅是将现有的国有企业的资产所有权和金融资产转移到私人部门的过程，而且是为私人资本的产生，采用各种可能的办法（正式的和非正式的）增加私人部门在国家总资产和国民总产值中的比例创造条件的过程。

---

①　在这种情况下，关于企业哪一部分资产应该转到私人手里的问题是公开的，为的是使这种转让被私有化的法规认可。中东欧国家在理论研究阶段对这一问题采取了相当小心的态度，然而在为伴随着私有化纲要实施的总目标而奋斗的过程中，私有化的标准事实上被放松了。甚至把简单地改变企业法律组织形式也看作是私有化，例如，在国有企业基础上成立100%国家控股的股份公司。至于在什么条件下、多大规模将财产转移到私人手里这一问题的答案，我们可以按照私有化的法规讲，事实上完全不是那么简单，而且基于这类或那类参与者的比例数额往往远远得不到准确的答案。在很大程度上，我们需要分析那些实际控制企业的人（而不是那些表面上持有股票，但实际上不能控制公司的人）作出决策的行为和逻辑。自然如此深度的分析只适用于单个企业和特殊情况。

②　Gray Ch. , "In Search of Owership: Privatization and Corporate Governance in Transition Economies", *The World bank research observer*, Wash. : 1996, No2, pp. 179 – 197.

第三章 殊途同归:私有化模型的实现

在市场经济占主导的条件下被作为提高企业经济活动效率的机制来使用的私有化,和转型改革时期作为支持新建政权社会政治集团形成工具的私有化,存在根本的差别。通常在文献里,将这两个基本上不同过程的差别归结为私有化的实现技术和条件的差异①。此外还有私有化的目标,在我们看来,这些目标在很大程度上决定了私有化过程的内容。

一 发达市场经济国家的私有化

发达国家私有化的基本条件是(在英国玛格丽特·希尔达·撒切尔执政时期,法国20世纪七八十年代)进行复杂的把大规模国有财产尽可能高价转让到战略投资者手里的谈判。在这种情况下,会考虑潜在获得者管理复杂体系(实际上是部门体系)的能力。

私有化在作为自由化经济典范的英国究竟如何? 1979 年,撒切尔政府宣布其打算取消国家对经济的监管,掀起了全球私有化浪潮的开端。从 1979 年到 1996 年,保守的玛格丽特·希尔达·撒切尔和约翰·梅杰政府推行了大不列颠大部分工业的私有化,从石油天然气部门和通信部门,到

---

① 参见 Лучникова В. Ю. , *Приватизация промышленных предприятий в новых федеральных землях Германии* , Рукопись дисс. На соиск . уч. ст – ни к. э. н. , Москва: МГУ, 1995, С. 14 – 15。文中写道:"在市场经济占主导地位的条件下进行的私有化和非市场类型的经济中进行的私有化之间有着原则的区别。前者通常只包括部分财产,而且进行得非常缓慢,因为要对应该私有化的企业进行详细的分析。在这种情况下对物质资产和金融资产所有权的清楚界定和法律保护是关键要素,还有一个要点是是否具有一定规模的居民储蓄和发达的金融市场(证券市场)。而在非市场类型的经济条件下,一方面私有化的规模相当大,另一方面难度也很大,甚至哪怕是几个企业,由于不现实的价格和相对于大规模的国有财产非常低的居民储蓄,导致对私有化企业进行真实的评估是不可能的,同时金融市场还处于萌芽状态,产权也没有得到清楚的界定。"

属于军工系统的不列颠航天飞机公司。最后以出售在电能、通信部门和水务领域占据垄断或几乎垄断地位的公司圆满地结束了这一过程。绝大部分私有化是以分配原始股的形式实现的,按照这些保守党人的意识形态(思想体系),应该促进广泛的私有者阶层的产生,扩大巩固资本主义制度的基础。

到 1997 年,出售 50 家巨型国有企业获得的 640 亿英镑这一天文数字被转为国家财产。在私有化过程中,总共有超过三分之二的国有企业资产被出售。

每个重大的合同都是通过制定专门的法律签订的,让我们更详细地看看其中的一个私有化契约。

1986 年 5 月,英国政府宣布,打算将不列颠天然气公司私有化,之后出台了相应的法令,称为"1986 年天然气法"。经政府审核批准,通过发行一系列股份出售了公司 51% 的股权,英国电信公司也是如此。然而最终还是决定同时将所有股份提交上市,希望市场能够吸收同期发行的所有股票。首选的发行对象是英国私人投资者,其次是英国机构投资者,最后是外国投资者。

1986 年 11 月 21 日,政府又出售了 40 亿普通股,占普通股总额的97%。其中保留了 12.05 亿股份,用来以优惠为由分配给被私有化公司的员工和退休人员。如此上述发行使机构投资者成了 160 亿股份的持有者,包括英国天然气公司的员工和退休人员在内的英国公民成了 160 亿股份的持有者,而 79.55 亿的股份落到了外国投资者手里。

英国天然气公司的股票认购超出了所提供的三倍,因此出售给外国投资者和英国机构投资者的股份被缩减,并倾向于卖给英国私人投资者。最终的分配是这样的:62% 出售给广大的居民阶层,23% 卖给了英国机构投资者,11% 出售给外国投资者。在上市公司中,国家也同其他与公共设施有关的企业一样,保留了金股(4%),拥有对不同意的决策(如在它看来企图倒卖企业)行使否决权的权利。出售当天股价猛涨了 25%。10 年后英国天然气股票的出售价格高出购买价格的 138%[①]。

英国私有化方案的基本特点是:

---

① Шурыпо В. М. , *Преобразование государственной собственности в период экономических реформ* , Москва: 1997, С. 44 – 45.

——渐进性。

——强调盈利性。

——针对每个单独的私有化案件提供法律和制度框架。

——精心准备每一次出售。

——鼓励广泛发行股票。

为了吸引最广泛的居民阶层参与私有化,在私有化过程中特别注意零散地分配股票,并将提供的价格打折,利用大众传媒通过银行和大型广告公司等中介机构广而告之,还有各种鼓励企业人员购买股票的方案。

英国私有化方案的主要成果是:

——原国有企业效率和利润巨大提高。

——股东数量明显增加。从 1979 年成人居民的 4% 到 90 年代中期的 25% 多。然而,如此多的股东占有的股票数额并不大,不超过 25 万英镑,私人股东的总资产没有增加;80 年代末只占英国企业发放的股票总价值的 25%[①]。

——由于减少了国家对国有企业的大量补贴,对国家金融状况产生了积极影响。从 1980 年到 1982 年,国有企业每年获得 30 亿英镑的补贴,而从 1987 年到 1995 年私有化后,每年以集团税收的形式向国家上缴 480 亿英镑[②]。"给一个企业的补贴相当于对另一个企业的罚款"[③],保守派政治学家金·约瑟夫写道。

——由于后私有化阶段实行了有效的调控自然垄断活动的制度,包括许可证制度和价格管理、制定上限等,制止了私有化的垄断组织的产品和服务价格的上升。由于这些政策,天然气和通信的实际价格在垄断组织私有化后相应地下降了 50% 和 40%。借助规定价格上限的办法进行调控比以返还投资为基础的传统调控方式要好得多,后者并不能促进效率的提高。

英国的经验表明,电能、天然气工业、水务、通信邮政、铁路等自然

① Головнин К. В., " Приватизация по - английски: опыт 80 - х годов", *Деловой мир*, 24 июня 1992, №119.

② Громыко А., *Политический реформизм в Великобритании 1970 - 1990 - е годы*, Москва: 2001, С. 54.

③ Шурыпо В. М., *Преобразование государственной собственности в период экономических реформ*, Москва: 1997, С. 41.

垄断行业的私有化要非常小心。这些经济领域受竞争效率的影响较弱。因此在英国电信、天然气和其他类似公司私有化的时候,全都是在保留部门垄断结构的情况下出售企业的,但在很大程度上扩大了股票持有者的范围。实际上选择的是介于国有和私有之间的第三条道路——国家灵活调控条件下的私人所有。

为了实现国家对私有化后的垄断企业活动的后私有化管理,成立了由专业经济学家领导的专门的国家机构——电信办公室和天然气办公室,其职权包括对企业的以下活动进行监督:使后私有化企业最有效地开展自己的活动,不允许企业改变产品种类,降低质量或者提高自己产品和服务的价格等。它们不应该与传统的行政机关有什么不同,再说也没有机会追求更多的政治和社会目的。

有很多国家积极干预私有化企业活动的案例,如果企业的活动完全触及了广大需求者或者国家利益的话,那么,铁路私有化之后应该由全国性的私人"铁路"公司提供水下路线和车站的服务。几起火车失事的发生,表明公司明显缺乏承担直接义务的能力,政府将这个公司宣布破产,并组建了非商业性的组织"维克网铁路公司",政府在公司内部建立了监管部门,以保证从事资产投资活动。实际上发生了铁路部门的重新国有化(在这种情况下操作灵活的部分是私人部分)。

国家后私有化政策最明显的例子是英国工党执政后在 1997 年采取的行动——对私有化的企业的意外收入征税。工党声明,国有财产被按照很低的价格出售,并且对私有化企业活动的监控制度也过于温和。为了提高社会公众对私有化的兴趣,政府按照低于市场的价格将公司出售,给购买者提供了因股价上涨迅速获利的机会。于是,英国电信的股价在公司出售后头两个星期就上涨了 2 倍。实行私有化改革之后,政府仍继续监控企业通信服务的价格,但推行的监控制度规定每五年提高一次价格,这使得公司股东能够从意外缩减的生产费用中获得利润。上述两个措施——低价格发放原始股和温和的监控制度成了向一系列私有化企业从出售起最初四年中获得的超额利润征税的理由。在增加的 520 亿英镑预算收入中,有 350 亿英镑由政府批准作为启动失业人员劳动安置计划的拨款。

税率定在 23% 的水平,基于公司私有化时的价格和现值(是公司私有化最初四年期间赚得的平均利润的 9 倍)之间的差额,换句话说,按股票现价看,私有化初期与公司现在收入之比是 1:9),这样的税率处于相对低的水平。政府给公司提供两年的时间缴纳这笔税收。由于企业利润属于税收范围，政府有机会既可以把它作为因低价原始出售获得的一部分意外收入而没收，也可以作为因自由化的监管制度而形成的一部分公司利润而征税。

反对这一税收的观点是为了简化向公司征税的税收行政管理，而不是为了私有化意外收入的受益人，也就是说，股票的最初购买者中很多在征税之前已经出售了自己的股票并变现了利润。尽管有这样的不足，实行上述的征税完全达到了最初的目的：为支持援助穷人的社会计划获得了增添预算的收入，在这种情况下，成功地避免了经济活力的下降。同时，这些措施也消除了累积在人们心中的对撒切尔时代私有化结果的不满。

因此，正如分析所示，私有化在发达市场经济条件下是致力于提高大型企业和整个行业工作效率的，是促进公私伙伴制度形成的作用机制。实际上，涉及对私人企业所有者在国家灵活的后私有化监管条件下的保障问题。

二　中国产权关系的转型特点

一些转型经济国家的私有化具有其他的目的和任务，因而结果也不同。初步形成了两种关于完善原社会主义国家（或仍保持这种状况的）产权结构的观点——中东欧国家推行的大规模的私有化和在中国积极推行的通过建立过渡制度①逐渐改造产权关系和企业活动商业化。中国的改革不是我们专门研究的对象，因此，在本研究范围内，我们只停留于中国事件的一般情况，为的是为这样一种观点提供一个例证，即通过改变企业运行的外部环境特别是发展竞争来加强产权重组，以解决提高经济主体活动效率的问题。

中国工业领域的国有企业改革始于 1984 年，经历了四个发展阶段：

——出现大量的非公企业。

——在国有企业和集体企业范围内彻底改变物质激励机制。其中包括采用合同制加强刺激，使经理有效地工作。

---

① 关于过渡体制在后社会主义国家和中国经济转轨中的作用参见 Полтерович В. М.，*Стратегии институциональных реформ*. Препринт № WP/2005/190。

——非公投资的结果是改变了国有部门的资产结构。

——企业改革。通常包括国有企业或集体企业,或按照发达的现代公司标准运行的公司,它们转变成了由国家不同程度参与的股份制公司。可以确信,第四阶段的产权改革是前三步顺利实施的逻辑结果。

新型企业的诞生。90年代中期以前,中国工业领域产权改革的基本方向是出现一些新的企业,一般为集体企业,主要以乡镇为主;还有雇佣人数不超过8个人的个体产权形式的企业;以及主要来自经合组织和东南亚等投资者创立的外资企业。1994年,中国工业企业的数量大约是1980年的25倍,表2清楚地提供了新兴企业数量增长的动态图景。

表2　　　　　　　　中国工业企业产权形式的变化 (企业数量)

所有制形式	企业旧核算体系 (a)			新核算体系 (b)	
	1980 年	1993 年	1997 年	1998 年	2001 年
国有和国家控股	83400	80586	84397	64793	46767
集体所有制	293500	339617	319438	47745	31018
港澳台商投资企业	—	11621	3020	15725	18257
外资参与的企业	—	8434	19861	10717	13166
股份有限公司	—	2579	3898	4120	5692
私营企业	—	13188	10667	—	36218
其他国内企业	400	6379	24704	11369	20138
企业总数	—	9911600	7922900	7974600	—

注:a指所有属于市级以上法人的工业企业;b指年销售额超过500万元的国有企业和非国有企业。

数据来源:China Statistical Yearbook. Beijing, 1985. p. 305;China Statistical Yearbook. Beijing, 1994. p. 374, 378;China Statistical Yearbook. Beijing, 1998 (industry section);China Statistical Yearbook. Beijing, 2003. pp. 462 - 463.

中国领导者围绕提高经济效率这一目标,把着重点放在开展竞争机制,迫使企业改变自己的行为,从而使运行更加有效。随着非国有产权形式发展限制的逐步取消,竞争逐渐激烈,出现了外资参与的混合企业。很多经济领域的新参与者进入市场,导致了所有产权形式的企业盈利下降,这打破了国有工业部门的垄断租金,出现了巨大的激励因素,促使所有产权形式的企业引进创新技术和先进管理模式。

监管体系的改革。中国经济改革的一个重要部分是将个别权能（部分是使用权）从上级政府机关转移到下级机关，或者从政府手里转移到企业、家庭经济和个体手里。曾经进行了控制权从国家监督机构向企业的大规模的再分配，以及管理权利在经理、工会和党委之间的平行分配。这样的职能再分配从本质上改变了经济代理人的行为动机、收入分配结构、政治权力结构和利益结构。

在经济管理的新观念框架下，类似的生产组织形式得到了广泛的普及，如经济承包责任制、国有资产租赁制、国有资产使用责任制等。

在承包责任制的条件下，企业所有权属于国家，国家作为所有者将财产转移给承包者占有和使用，承包者可以作为企业的行政管理人员，或者由整个劳动集体代表企业的管理机构。双方的权利和义务在承包合同中明确下来。在合同有效期间，所有者得到固定的利润。超过固定利润的部分全部按一定比例属于承包者。承包者独立从事经济活动，并按照合同承担经济责任。

这种生产组织形式是在农村承包责任制的实践基础上产生的，农村承包责任制在 1979 年就开始在农村被成功广泛地运用了。从 1984 年到 1987 年，78% 的企业（其中包括 80% 的大中型国有企业）被改为承包责任制。

下面列出的四个国家和企业相互作用的模型，全部都是建立在承包责任制基础上的：

——固定数额的利润上缴给国家后，超额利润在国家预算和企业之间分配。

——企业上交国库的利润提成实行累进比率，逐年提高。

——低盈利的企业按固定比例扣除上交国库的利润。亏损企业签订固定亏损数额的合同。

——推行"两保一挂"的原则，即企业承担利润提成上交国库的义务和完成确定的技术更新计划，在这种情况下，国家将工资数额和实际利率动态挂钩。

从 1987 年开始，所有大中型国有企业转变为承包制，规定同上级机关签订明确生产规模和上缴国家利润提成数额的合同。在全面实现向承包制度过渡的一年里，工业企业经济核算的总产值增加了 11.3%，实际利润增加了 12.9%，税后利润增加了 12.2%。第二年这些企业的总产值重新增长了 12.6%，实际利润又增加了 17.2%①。正如俄罗斯著名汉学家康德拉索瓦指出的那样:"当市场关系还尚未完全遍及所有领域的时候，宏观调控也尚未完善的时候，承包制得以整顿金融秩序:国家得到了有保障的预算进款和推行结构政策时确保有效的作用杠杆，企业自己有了一定的机动自由和扩大资金的能力。"②

对于很多小型的亏损国有企业而言，有效的生产组织形式是租赁。租赁合同根据公开招标的结果签订，并有明确的租赁期限。为了保证企业所有者（国家）的安全，免于遭受非经营原因可能造成的亏损，租赁者一般以自己的财产作抵押，信誉可靠的第三方可以作为应当履行合同以及经营业绩的担保。

还有一种新型的生产组织形式叫作国有资产使用责任制——这是租赁的另一种形式。在这种机制下，租赁者的物质利益与企业固定资产的动态趋势挂钩。如果租赁期满后资金增值，租赁者得到奖金，如果企业资金贬值，租赁者被施以罚款。承诺比其他竞争对手向国家上缴更多预算收入的自然人或法人可以得到租赁权。在这种租赁形式下，租赁者在国家面前承担了关于实现留给企业超额利润、劳动力使用以及改编企业组织结构等方面十分明确的责任。

国有企业在没有变更产权形式的情况下进行重组的成效十分明显。马克米兰和那乌同③的分析显示，提高自治、增加工资结构中的可变部分，以及根据明确规定生产活动条件的合同增加雇佣人数等，这些都是管理部门对更大的自治，包括保留更多的利润比例所做出的反应。这些改革的一个重要结果是，出现了经理阶层，他们醉心于扩大自己在私有化企业的权利。

管理的分散化、经济权利的扩大和承包制度的推行提高了中国国有企业的生命力。尽管国有企业比非国有企业发展速度慢些，但它们在相当长的时期里显示出积极的发展态势。从 1980 年到 1992 年，国有工业部门的

---

① *Экономические реформы в России и Китае глазами российских и китайских ученых*, Санкт - Петербург, Шанхай: 2000, С. 183.

② Кондрашова Л., "Госсектор КНР: приватизация или модернизация", *Проблемы Дальнего Востока*, 1998, №4 - 5.

③ McMillan J., Naughton B., "How to Reform a Planned Economy: Lessons of China", *Oxford Review of Economics and Politics*, 1992, №1, pp. 43 - 130.

增长速度达到 7.8%[①]。

1993 年中国开始实现国有企业现代化的理念，建立了现代企业制度，目标指向发达资本主义国家的公司形式和特点。在这种情况下，国家为经济主体制定了游戏规则，不仅要求公司利益遵守这些规则，也要求国家公共利益遵守。

现代化理念的核心是划清国家管理三大基本职能的思想：行政与政治职能，宏观经济职能和扮演所有者的角色。为了履行国家所有者的职能，国家成立了国有资产监督管理委员会（以下简称国资委）。其权能包括在信任的基础上将国有资产管理权转交给几家专门的控股信贷机构，将那些完税企业和采取国有股分红形式的企业资产转到这些信贷公司的账下。这些机构是国家与企业之间的管理环节，从事自己私人的经营活动，并与其他金融信贷机构和银行机构建立联系。

控股公司在自己账下积累的国有收入一部分转交给企业用来扩大生产，另一部分参与横向的资金流动，这为国有资产管理体系中的金融机构提供了自己的经营利润。国资委从这部分利润中建立了自己的基金，国资委和地区机构可以用它来为各种完善生产结构和生产改造的项目计划拨款。结果国家投资被分解成两部分：1）处于国家计划和金融部门监管之下的部分；2）处于国资委的监管之下的部分。而其他投资在国家统一投资计划内相互协调。

中国的实现模式有可能解决市场分配资本的问题，或者企业利润投入生产再循环问题。这样的国有资产管理机制改革道路在 20 世纪 80 年代末 90 年代初引起了匈牙利经济学家们的广泛争论。1990 年曾被国际专家建议作为苏联可接受的经济发展道路[②]，然而被这些国家自己否定了。

应当看到，国家的参与，还有国家在经济现代化过程中建立的在投资资金分配方面和推行贸易、竞争、技术等政策方面的很多公共制度和私人制度，是中国向市场经济转型的典型特点，也是取得巨大国民经济成就的重要前提。

---

① *Экономические реформы в России и Китае глазами российских и китайских ученых*, Санкт‐Петербург，Шанхай：2000，C. 188.

② "Экономика СССР：выводы и рекомендации"（доклад группы экспертов Международного валютного фонда, Международного банка реконструкции и развития, Оргаинзации экономического сотрудничества и развития и Европейского банка реконструкции и развития, подготовленный по рекомендации совещания на высшем уровне семи ведущих промышленно развитых стран），*Вопр. Экономики*, 1991, №3, C. 38–40.

中国的经验表明,商业化也就是使企业向市场运行机制过渡,可以一步到位并比私有化更具有优越性,即很快得到近似的经济效率却不用付出特别的代价①。在很多专家看来,对于过渡时期来说,商业化作为通往西方市场经济道路上的第一步,也是关键的一步,要比快速崩溃的私有化好得多②,特别是如果成功利用了高效运行的资金信贷体制。

改变资产结构。从 1993 年开始的中国工业领域股份公司资产的形成,以及为国有企业的发展而吸引私人资本可能性的出现,带来了这样一种情形,即国有企业的资产结构渐渐得到了根本的改造。那么,根据 1999 年的分析数据,从 11000 多家入选的公司中,占国有资产比例不到 50% 的 1417 家企业被统计部门划分为国有企业。与此同时,有 1935 家企业被列入非国有行列,却拥有作为所有者的国家的大部分资产。由于这种情况,在很多实际情况下变更所有制的形式只能是纯粹的走形式。

企业转型或改造或改变企业所有制形式。出于意识形态的考虑,在中国的官方文件、学术文献或实践中没有使用私有化概念。取而代之的是广泛推广的企业转型的概念,这意味着改变企业的所有制形式。

中国产权市场的形成是国有企业所有制形式转变的机制之一。产权交易实践活动是从 1988 年根据中国共产党的第十三次代表大会关于《将小型国有企业产权出售给集体或私人的决定》开始展开的。1988 年设立了国有资产管理局以调整产权交易管理制度。到 80 年代末,全国范围内开始形成了产权交易市场,主要进行三类交易。

1. 企业有形和无形的单个资产,包括土地、地下资源、森林、楼房和建筑设施、汽车和设备、知识产权(专利、商标)等方面的产权交易。

2. 同私人企业产权的交易。除大部分在证券市场进行交易的企业股份外,还包括企业中的个别机构和车间的拍卖和租赁。

3. 同企业整个产权的交易,包括合并、出售、企业控股权的转让,

---

① 私有化的大多数好处在实施之前就已经得到了,作为实施有效率的激励制度的结果,无论对员工个人还是对整个组织的经营活动都有积极影响。(详见 Стиглиц ДЖ. ,"Многообразнее ниструменты, шере цели: движение к поствашинтонскому консенсусу", *Вопр Экономики*, 1998, №8. С. 23 - 24; *Corporate Governance of Public Enterprises in Transitional Economies*, World Bank, Technical Paper, 1996, №323。)

② Приватизация: чему учит мировой опыт, Москва: 1993, С. 20; Некипелов А. Д. , Очерки по экономике посткоммунизма, Москва: 1996, С. 121 - 128; Кондрашова Л. ,"Госсектор КНР: приватизация или модернизация", *Проблемы Дальнего Востока* , 1998, №4 - 5.

还有以最终拍卖形式进行的破产。

从 90 年代末开始,企业整个产权的交易得到了大规模的尝试。

与此同时,开始了从产权市场向资本市场主要领域的转移,并同证券市场一起成了为实现生产要素的再分配以利于最有效率的企业、行业间和地区间资本流动以及吸引外资的主要渠道。

一些生产能力过剩领域(如冰箱、空调、电视等)的企业产权成了证券市场最初的买卖对象,还有小型乡镇工业企业,拥有闲置基本资金的企业,因为生态考虑转移的企业,被抵押拍卖的企业,资不抵债的企业。交易所可以评估资产,提供法律和咨询服务,并寻找买主。

根据合同以拍卖或者讨价还价的方式出售企业是基本的交易形式,出售企业的必要条件是双方签订关于保证安置劳动力的交易合同。

在交易所里出售企业大多数情况下会导致企业所有制形式的改变。那么,在 1994—1995 年间,当上海产权交易市场只进行集体企业产权的交易时,52% 被出售的企业成了私人企业和个体,22% 成了股份合作企业,而 6% 被外国投资者收购而成为外资参股的企业[1]。大多数情况下在产权市场出售国有企业和集体企业实质上意味着对这些企业的私有化。

尽管约 60% 的企业在出售前是亏损的,但是为收购企业而花费的资金很快得到了补偿,战胜了亏损,减轻了债务,创造了新的工作岗位,吸引了属于企业的闲置设备投入循环周转。

90 年代中期,中国市场发生了巨大变化。大量新经营主体的出现带来了健康的竞争,这导致了利润率的下降,强化了技术改进和组织改进的动机,加强了管理控制,在管理机构强化了私有化的动机。

非国有资产份额的增加事实上导致了国家控制的弱化,并给企业带来了重大重组方面的压力,包括国有企业的合法转型[2]。

90 年代中期进行的以提高效率和改善国有企业资金状况为目标的三大企业重组过程是私有制出现的客观前提业已成熟的反映。第一轮重组与缩减国有企业员工人数有关。

---

① Шаринов Д. ,"О рынке имущественных прав КНР",*Проблемы Дальнего Востока* , 1997, №1, С. 69.

② Su J. , Jefferson G. , *The Determinants of Decentralized Privatization: Theory and Evidence from China*, Brandeis University: Graduate School of Economics and Finance, 2003.

90 年代末国有企业大约从 4400 万员工中裁掉了 600 万①。这降低了国有企业作为保证就业载体的意义。可以说,大规模裁员的计划从政治角度看使转型更加现实。另外两个阶段的重组直接与国有企业和集体企业的正式转型有关。

在"抓大放小"的口号下,中国领导集体原则上准许除 300 家大型国有企业外所有的国有工业企业进行转型。在这种首创精神的氛围下,政府为亏损的国有企业规定了三年期限,在期限时间里,企业必须引进现代企业制度并扭亏为盈。作为对这一规定的原则性的反应,国有企业和集体企业部门转型的数量急剧增长。

尽管企业股份制改造的试验从 1993 年开始,但在 1997—1998 年提倡企业重组以后才真正展开。这一时期是规模最大的时期,并涉及了很多国有企业和集体企业。

1997 年中国共产党第十五次代表大会,宣布把股份制改造作为企业重组工作的重心②。从 1997 年到 2001 年间,登记的国有企业缩减了一半。根据范的统计数据:"个别地区超过 70% 的小型国有企业被私有化或者重组后消失。"③

转型过程中涉及的不仅仅是小型企业。在 1997 年至 1998 年间,大中型国有企业的数目也由 14811 家缩减到了 8675 家,到 2001 年底仍占 35%。

股份化过程在集体企业中普及开来(包括产权属于地方政府所有的企业),这些企业长期以来被认为是具有很强竞争力的企业。超过一半产权属于地方政府机构的企业被部分或全部地转移到私人部门④。

这样,三个阶段行动的结果是,出现了大量新的经营主体和在此基础上发展的竞争,监督管理的加强和资本结构中非国有资产的积累,从而为实现中国 90 年代国有企业的真正转轨创造了必要的条件。这时,地方政

---

① Rawski T., "Recent Developments in China's Labour Market", *Report prepared for the International Policy group*, Geneva: International Labour Office, 2002.

② Li Sh., Zhang W., "The Road to Capitalism: Competition and Institutional Change in China", *Agricultural Economics* 23. 2000, №3, p. 269.

③ Fan G., "Progress in Ownership Changes and hidden Risks in China's Transition", *Transition Newsletter* 133 (May - June), 2003, p. 3.

④ Li H., Rozelle S., "Savings or Stripping Rural Industry: An Analysis of Privatization and Efficiency in China", *Agricultural Economics*, 2000, №28, p. 269.

府已经希望摆脱亏损企业（或者出售盈利的暂时还没有变为亏损的企业而获得资金），而经理则渴望牢牢控制自己的公司。

所有这一切为履行国有和集体财产股份化的行政手续提供了强大的动力。

可以说，中国国有企业的合法转型（私有化）是国家培养私人资本主义和民营企业家过程的最后阶段。他们往往是国有企业的经理，企业的激励制度和市场行为是在不断强化的竞争中形成的，这是经营成功的保障。

中国国有企业和集体企业转型效率的分析家指出了一系列对于我们的下一步分析而言十分有趣的观点，得出的结论如下：

——激烈的竞争能够刺激私人所有制的发展。

——在中国，监管比所有制形式重要，因为所有制形式的划分往往无助于给出究竟谁来监控企业的概念。

——在残酷竞争的条件下，转型导致企业目标和政策的改变，其中会促使企业把努力方向和资金向创新方面非常明显地重新定位——科研、试验设计工作与研发新产品，拓宽企业家和公司经理制订计划的视野。

田对中国交易所中开盘的 826 家企业进行的抽样调查显示，国有资产份额和企业价值之间呈 U 型相关。当国有比例占优势或不大的时候企业具有高市值特点，按照作者的观点，这和国家追求利益最大化的行为有关。当国有份额比例为中等水平时，国家奉行"索取"的政策，当国有比例增加并变得比例很大时，国家就转为奉行"援助之手"的政策，这就表现为公司市值的积极增长①。

李和罗杰列对 168 家地方政府所有（其中 88 家被私有化）的企业进行的抽样调查得出如下结论：转型的成本明显降低了私有化后私人企业第一年的效率。然而经过一年多或两年后，私人企业的生产力提高了 5%—7%。彻底完成转型之后，随着企业对商业环境越来越适应，正效应会不断增加。作者观察得出的一个重要结论是：转轨过程存在调整成本的时间，这会导致从所有制形式改变到从此行动中受益之间存在一定的

---

① Tian G. , *State Shareholding and Corporate Performance: A Study of a Unique Chinese Enterprise Data Set*, Working Paper, London Business School, 2000, p. 82.

时滞[1]。

国家通常保留了向混合所有制结构企业转型前拥有的资产,与中东欧国家和原苏联国家的很多案例不同,在实现私有化的过程中,将国家资产盗窃一空的事实未被证实[2]。中国国有企业资产比例的下降不是出售或盗窃资产的结果,而是企业转型后吸引新的投资能力不断提高的产物。

苏和杰弗尔松[3]对中国大中型企业产权转型的决定因素进行分析后发现,转型概率的大小随企业效率和收入额的增长而增加,也随着经济单位遇到的竞争程度的增加而增加,转型概率随着公司规模的下降而下降,这反映了国家"抓大放小"的政策。

据研究者评价,转型为改善商品的种类和质量做出了贡献。中国消费者从私有化企业对科研与试验设计工作的投入中明显受益,这种投入也在一定程度上导致了医疗技术和教育的改善,也保证了计算机和通信设备在居民中的广泛普及。

董、包里斯和郝在上述研究的基础上在关于股票的出现对工人看待公司和私有化的态度的影响的综述中指出[4],拥有股票的工作人员全部表现出更高的工作满意度,感觉自己更能参与决策过程,与不拥有私有化企业股份的员工相比,显示出对公司更高的忠诚和对私有化过程更肯定的态度。

最后应该值得注意的是:改革造就和扩大了能够高效使用企业资产、创造新的工作岗位和进行生产重组的职业经理阶层[5]。

非常明显,在选择某种所有制关系转型方案作为提高经营管理主要环境效率的机制时,最重要的是要详细分析国家发展的具体历史条件。不顾

---

① Li H., Rozelle S., "Savings or Stripping Rural Industry: An Analysis of Privatization and Efficiency in China", *Agricultural Economics*, 2000, №28, p. 269.

② Jefferson G., Su J., Jiang Y., Yu X., "China's Shareholding Reform: Effects on Enterprise Performance", *Reality check: The Distributional Impact of Privatization in Developing Countries*, Ed. by J. Nellis, N. Birdsall, Wash. DC: Center for Global Development, 2005, p. 374.

③ Su J., Jefferson G., *The Determinants of Decentralized Privatization: Theory and Evidence from China*, Brandeis University: Graduate School of Economics and Finance, 2003.

④ Dong X., Bowles P., Ho S., "The Determinants of Employee Ownership in China's Rural Industry: Evidence from Jiangsu and Shandong", *Journal of Comparative Economics*, 2002, №30, p. 37.

⑤ Jefferson G., Su J., Jiang Y., Yu X., "China's Shareholding Reform: Effects on Enterprise Performance", *Reality check: The Distributional Impact of Privatization in Developing Countries*, Ed. by J. Nellis, N. Birdsall, Wash. DC: Center for Global Development, 2005, p. 369.

客观条件盲目效仿这种或那种模式必然会带来很多问题，还会损害转型理论本身的声誉。

中东欧国家与中国改革者不同，走了另外一条道路——通过大规模的实际上是休克式的私有化改变所有制关系，这种方法否定了中国关于在转型国家范围内建立过渡的私有化结构和制度，以确保在经济主体间形成真正的竞争，积极培育有效率的私有者，缓和财产和权利再分配带来的负面社会后果方面积累的经验。

三　中东欧国家和独联体的私有化

事实上在所有中东欧国家转型的最初阶段，有一种幻想占了上风，按照这种想法，能够在两三年内完成国有资产向有效率的私人所有者的转移。然而人们很快就明白了，这是不可能完成的。能够很快实现的只是表面的私有化，也就是在一种法律形式上被另一种取代。

（一）正式私有化模型的比较分析

后社会主义国家的小私有化进行得相对有效和快速。大部分较小的贸易公司、餐饮和服务为得到活钱被变卖。这种情况在很大程度上（与俄罗斯相比）考虑到了消费者的利益。那么捷克和斯洛伐克为了防止被购买后的企业转向经营更赚钱的但社会意义较小的行为，在小私有化法中包括了对新所有者的义务进行专门的划分。法律中规定，已经成为被私有化企业私有者的人，在两年时间内只能将企业出售给本国公民；如果食品商店被拍卖，则从购买之日起七日内必须重新开张，而经营范围至少保持两年。新的私有者若违反这一法律条款就会被处以很高的罚款。

大型企业的私有化遇到的问题要比当初预想的大。私有化过程中实现的任务不仅复杂，而且很矛盾。企业行为在大多数情况下没有反映市场经济向他们提出的需求。实际上，很多企业在新的市场经济条件下是没有效率的，过剩劳动力的负担很沉重，还承担着价格高昂的社会基金和社会义务。由于中央计划机构力图节省生产流通以外的交易费用，很多企业进行垄断性的经营。这些和一些其他因素决定了使用混合私有化方式的必然性，即使用等价与不等价相结合的办法将国有资产转移到私人经济部门。

所有的后共产主义国家都不可避免地使用了不等价分配财产的方法推

行私有化，其中包括：

大众私有化———一种为快速实行经济非国有化而专门提供的方法，国家的大部分财产免费地或者收取小部分费用在全民中间分配；

劳动集体和经理收购企业（通常条件比较优惠）；

返还或赔偿。

由于被私有化财产的价值与国家私人积累规模极不相称，拒绝不等价形式的私有化导致了私有化进程的急剧减慢（见表3）。

表3　　　　　　　　中东欧 1989 年的固定投资与私人储蓄

	匈牙利	东德	波兰	苏联	捷克
固定投资总额（10 亿美元）	72.1	187.6	144.5	197.2	175.0
私人储蓄（10 亿美元）*	5.0	44.5	10.1	25.4	10.7
私人储蓄与固定投资的比例（%）	6.9	23.7	7.0	12.9	6.1
私人储蓄（10 亿美元）**	—	—	14.1	32.4	—
私人储蓄与固定投资的比例（%）**	—	—	9.8	16.4	—

注："＊"指官方储蓄数据，"＊＊"指评估后的官方数据。

改革者很清楚，利用不等价形式私有化在当时很大程度上会有利于减少因将国有财产返还到私人手里而引起的社会紧张。

返还和赔偿原本没有涉及所有后社会主义国家。要求返还被国有化和没收充公的财产是统一后民主德国私有化的基础，但在捷克、保加利亚、匈牙利、罗马尼亚、爱沙尼亚和立陶宛成了激烈争论的话题。

民主德国

在民主德国，返还私有化的比例估计为 30%，所有的国有企业（从1949 年民主德国成立起）都被返还，如果统一前它仍属于国家所有的话。其中包括：

———1945 年至 1949 年，难民留下的没有任何补偿被充公的财产；这类财产的项目数大致评估为工业领域 3000 个和农业领域 31000 个。

———大约 8 万块 1953 年后离开德国的难民的地产；这些地产被转移到国家信托管理，后来因为由过度的税收要求产生的高额债务常常转为国家财产。

———1953 年前属于西德人财产的 10 万多块房地产和 2000 个工业财

产被要求索还,这些财产和 1953 年后离开民主德国的移民财产一起,转到监管局,然后充公,用来偿还国家高额债务。

——7 万多块主要靠继承而来的财产特别是房地产是 1953 年后西德人的不动产;这些财产最初没有归国家管理,它们也由于不断增长的债务成了国有财产。

——大约 12000 个在 1972 年大面积国有化和集中过程中被国家强行收购的小手工企业[①]。

返还的原则没有推广到那些被苏维埃占领机构依据苏联占领军立法充公为国家所用的企业。原所有者只是得到了货币赔偿的权利。

应美国方面的要求,返还原则推广到 1933 年到 1945 年间,为了恢复对那些财产因意识形态原因被法西斯国家充公的私有者的公平态度。

曾经使用了各种返还原私有者财产的模式。即允许以实物形式返还,还可以货币赔偿。返还实际财产遇到了严重的障碍:

战后时期很多企业不止一次地从私人手里转移到国家或者相反,因此经常有几个所有者要求得到同一个企业。这些困难迫使联邦议院通过了《扫除私有化障碍法》,该法削弱了实物返还的作用并提供购买者和投资者更多的权利:

——如果在 1992 年 12 月 31 日以前原企业所有者不能证实他所投入企业的资金不少于购买者承诺的数额,他只能得到财产数额为市场价值的赔偿。

——原所有者应保证按照委任书使用财产并进行必要的投资。

——对那些还在民主德国成立时就已经转让给私人业主并已经投入资本的企业,原所有者提出的索赔要求被拒绝。

——如果原所有者违背了自己承担的义务,监督机构将保留废除合约的权利和返还企业的权利,并设在自己的监护之下。

上述措施最大限度地降低了利用财产进行投机和转让给无力对企业进行有效管理的个人的可能性。

匈牙利

在匈牙利,按照赔偿法 (1990 年 5 月颁发),只有匈牙利公民才能得

---

① Sinn G. , Kaltstart H. , *Volkswirtschaftliche Aspekte der deutschen Vereinigung* , Tubingen: 1991, S. 72.

到因在国有化过程中失去财产而弥补损失的权利，还有那些当时遭到损失的国家公民。如果所有者不在，法律将扩展到直系亲属。原所有者得到的赔偿券在国有财产私有化过程中可以使用或者购买土地。赔偿券可以换成终身年金或者用于购买属于国有财产或地方自治机构的住房。土地可以根据原所有者的意愿返还。在这种情况下，所有者可以居住在所属地产以外的地方，但是应该保证，五年内土地不会退出农业经营流通，并以适当的形式完善。

匈牙利在规定赔偿数额的时候使用了退还标准表。只有在以下情况下才能得到百分之百的赔偿，如果要求不超过二十万福林的话。从二十万零一福林到三十万福林只补偿一半，三十万福林到五十万福林只补偿 30%，高于五十万零一福林补偿 10%，赔偿金额最大数目不得超过五百万福林。

保加利亚

保加利亚的补偿和返还的数额最大。1991 年 12 月，人民会议通过了关于恢复原私有者及其子女对上缴（在部委 1975 年 60 号决议的基础上）国家的商店、作坊、库房、店铺等其他财产所有权的法律①，并且是在返还他们以赔偿形式得到的资金的情况下。1992 年 2 月通过了关于恢复国有化不动产所有权的法律②。据官方消息称，1992 年 12 月 31 日止就提交了 51245 份返还不动产的申请，其中包括城市中的 41535 份，农村 9710份。恢复的产权包括商店、店铺、饭店、药房、旅馆、长途汽车站、汽车房、行政大楼、学校、医院、幼儿园和文化机构等，提出的关于工业财产方面的申请相当少。

如果财产被丢失或者由于这种或那种原因无法以实物形式返还的话，原所有者会得到记名赔偿券——有价证券，可以在大众私有化阶段使用，而从 2002 年 9 月起可以在保加利亚的证券交易所流通。

农业用地的返还过程进行得最复杂。保加利亚恢复私有者和其继承者的权利并不取决于农业用地是否被列入在土地上面建筑的各种农业组织。既恢复了那些自愿无偿将自己的土地让给集体和国家的公民的财产权利，也恢复了那些土地被非法没收的居民的财产权利。

1946 年被作为恢复私人土地财产的基准和起点，当时的主要特点是

---

① Дъжавен вестник, 1991, №105.

② Дъжавен вестник, 1992, №15.

零散分散的土地所有者。在此之前的时期里，很多私有者和他们的子女与农业失去了联系。应该返还的土地有 1000 多万份，2500 多万人[1]。

在此界限之前无法恢复地产所有权的情况下，国家从国家或公社土地基金中提供等量的地产或者发给补偿券，可以在购买土地时使用。

从 1992 年到 1999 年，平均每年有 12% 应当补偿的土地返还给了所有者和其继承人[2]。超过一半的返还土地（51%）回到了不从事农业经营活动的城市居民手里，30% 到了无力从事繁重的体力劳动的中年人手里，只有 18% 的土地到了正值劳动年龄的农民手里[3]。

罗马尼亚

罗马尼亚制定了恢复在社会主义改革过程中失去财产的所有者权利的法律。1991 年土地基金法提供农村合作社社员获得 1949—1962 年集体化过程中加入经营的私人土地财产的权利。实践中这意味着对 4000 多个农村生产合作社在法律上和事实上的清算。合作社社员和在合作社工作不少于五年的专家及这类工作者的继承者都获得了补偿土地的权利。

返还给每人的份地最小面积达到 0.5 公顷，每个家庭的份地最大面积限制在 10 公顷（相当于可耕种的面积）。法律允许每个居住在大面积耕种潜力有限的地区的家庭在其他地方得到份地，条件是必须耕种。有 600 万人获得了赔偿的权利，而改革前只有 200 万人在合作社工作。

因此，中东欧国家的实际补偿和法律程序拖了很多年，并引发了很多冲突和诉讼过程。

从 1997 年到 2000 年，罗马尼亚的土地法有很多实际的改变。通过增加林业用地，增加返还土地上限等办法扩宽了地产赔偿的规模。一个家庭可能返还的最大面积为 10—50 公顷。最初在一些农业用地富余的地区，像医生和医院工作人员等这类农村居民也获得了分得份地的权利（面积达到 2 公顷）。根据 2000 年的法律，教会组织（根据不同程度的等级）能够获得 10—100 公顷的农业用地和 10—30 公顷的森林。

新法律的推行遇到了土地严重不足的问题。因此 1200 万个自然人和法人提出了再次私有化的申请。要求收回 180 万公顷农业用地和 290 万公

① Икономически живот. 1995, №7.
② НСИ, България 99, *Социално- икономическо развитие* , София: 2000, С. 154.
③ Икономическа мисъл, 1997, №2. С. 37.

顷森林,几乎占全国面积的一半。除此以外,还需要找出相当于100万公顷的土地分给50万个不是农业劳动者但居住在农村的家庭,因此直到现在法律的基本条文仍是一纸空文。

罗马尼亚返还在1945年3月6日到1989年12月22日之间失去居住用地的所有者是由1995年的法律规定的。返还规定,如果某居住地还居住着原所有者,或者居住地已经闲置,在所有以下情况下将发放货币补偿。2001年的国有化不动产法律制度在很大程度上拓宽了属于非国有化财产对象的范围,包括:

——根据1948年工业、银行、交通、保险企业和公司国有化法律没收的不动产。

——各种在法院判决基础上从所有者手里没收充公的不动产,以及用于军事需要征收的不动产(根据1940年的法律)。

——用于公共目的的建筑用地,转为国家所有或其他法人所有的设备和装置(连同不动产一起,如楼房)。

法律规定在60天之内对诉讼进行审查和返还财产的可能性,或者以实物的形式,或者以货币补偿的形式。

考虑到执行法律的高度复杂性,2004年政府进行了关于建立专门的财产基金会的法律创新,并赋予其集体投资基金会的地位,其法定资本由部分属于国家所有的股权构成。假定要达到这一目的,将使用100股大型公司的股份,商业银行4%的股份,电信公司3%的股份,还有失去前景将在市场上出售的400多家企业的少数国有股权。

在建立这种基金的过程中,主要的障碍是评估应重新私有化财产价值方面的困难。

大多数独联体国家和中东欧国家分两个阶段实行私有化。第一阶段,为了吸引广泛大众参与私有化,赋予其更多社会化的特点,借助私有化券(如付款凭证或者流通券)进行了大众的或无偿的私有化,或者按照特殊的条件将企业转给了劳动集体。在此之后开始了第二阶段——货币私有化时期,将单独的企业或其股权在不同程度公开拍卖的基础上出售变现。

在大众私有化阶段,居民被分到或只付少量费用买到了财产凭证(付款凭证,或者债券,或者流通券),这些凭证成了国有财产私有化过程中的支付手段。这项被称之为通过付款凭证或债券平等获得财产的计划既包括国内投资者，也包括外国投资者，并在中东欧和独联体很多国家推行，除匈牙利、德国东部、塔吉克斯坦和土库曼斯坦外，成了亚美尼亚、阿塞拜疆、哈萨克斯坦、吉尔吉斯斯坦、立陶宛、拉脱维亚、摩尔达维亚、捷克等国改革初期所有制转型的基本方法。

谨慎制定的证券私有化避免和缓和了所有制改革过程中出现的很多问题。例如，国民资本不足的问题，界定私有化资产价值的困难问题，还有从社会角度看财产再分配过程中的不公平问题，等等。因此证券私有化能够推行得相对快些，它同时刺激了市场机制的发育，在改革发展中形成了新的所有者并增强了现有所有者的兴趣。

与此同时，大众私有化也作为促使社会主义建设时期存在的企业和国家之间紧密联系中断的机制，减小了企业适应市场条件和经营规则的可能性，因为缩小了国家在过渡经济中控制和调整结构变化的范围，以及同垄断效应在国民经济中的消极后果进行斗争的可能性。经验表明，市场经济中没有哪一套传统的反垄断措施能够在这样的经济制度中奏效，即以高度垄断为特点的实际经济体制。大众私有化意味着企业有意退出国家的直接管理，与此同时，在垄断水平很高的经济中和价格自由化的情况下，没有国家的高度干预是不可能抵消垄断现象带来的负面影响（垄断加重了价格比例失调、恶化了经济结构）的。

在票证方法和其他一系列方法的实现过程中，产生的一些重要问题是：

——国家不可能由于出售自己的财产得到收入。

——由于大众私有化出现有效所有者的渺茫性和不确定性。这些有效的所有者应该是有兴趣建立有效的集团管理制度、拥有大量资本和对企业进行有效重组的必要知识的人。

俄罗斯大众私有化概念的发明者在回答针对他们而提出的尖锐批评时说，俄罗斯的模式在所有转型经济国家中不好也不坏，也就是说，这些国家里的转轨模式是有比较意义的[①]。但是在这些后社会主义国家实施的证券私有化之间，实际上是存在差别的。例如，这些国家在解决什么样的企业，以何种形式参与证券私有化的问题时是不同的。

---

① Радыгин А. Д., Российская приватизация: национальная трагедия или институциональная база постсоветских реформ? *Мир России*, 1998, Т. 8, №3, C. 4.

波兰和罗马尼亚的 1991 年私有化纲要赞成证券私有化过程的集中化。政府就哪些企业将如何参与私有化问题给予更多的决策权。这种方法在罗马尼亚,由于在过去的发展阶段中有很强的集中管理传统,遇到的问题比波兰少得多,波兰由于政权结构的分散化,实际上冻结了私有化过程的集中化管理。因为波兰企业的劳动者和经理在实践中保留了对私有化方法的否决权,而指定被证券私有化的企业名单由政府决定。在罗马尼亚,每个企业用强制的手段开始将自己 30% 的财产用于票证形式的私有化。

很多私有化纲要规定建立中介机构,这些中介机构应该代表具体企业所有者的利益。在捷克和斯洛伐克被允许建立私人基金会。这些基金会彼此展开竞争,他们从居民手中获得私有化券,并以基金会的股份作为交换。基金会将居民的私有化券集中到自己手里后,就将它们投资到正在拍卖的被私有化的股份制企业。这种以自由建立基金会和彼此竞争为基础的方式能够降低国家对私有化过程直接监管的作用。

与捷克不同,罗马尼亚和波兰的 1991 年私有化纲要规定建立一系列投资基金中介,其成员由国家选出的监理会任命(这种方法实际上被认为是后来变了形的票证模式)。在罗马尼亚,基金会的股份在公民之间分配,没有进行拍卖。政府希望基金会积极参与由他们推行的企业重组,然后把企业卖给真正的投资者。这种方法有很多优点。其中,在实践中排除了出现各种带证书(证明公民转让给基金会)的骗人勾当的可能性。然而这对基金会接受市场信号不太有利,实际上成了处于政府保护之下的国家控股公司。1991 年罗马尼亚国家财产基金会将每个私有化企业中的 70% 的股份集中到自己手里,并被授权每年出售 10% 的股份,在这之后的四年时间里,基金会实际上没有解决自己面临的出售产权的任务,而是将注意力集中到对产权对象进行必要重组的问题上来。

在捷克宣布的自由建立基金会和保证彼此之间的竞争,在理论上要比波兰和罗马尼亚选择的官僚主义办法好些。然而建立具有明显市场动机行为表现的私人基金会对于所有转型国家来说是极其复杂而艰巨的任务。长远的问题——谁来监督监督者,这是任何一个试验过程中都会产生的问题,这在发达市场经济国家也是十分复杂的。理论上,中介机构在证券私有化计划的实现中起到的是积极的作用。他们将个人私有化券集中起来,这样有助于所有者履行自己的监督职能。基金会和银行一起能够成为重要的金融机构设施，这对于市场经济的发展极其重要。然而这些目标不可能自动实现，还有很多复杂的问题需要解决。政府在一定程度上要有明确的概念，例如，为了防止他们擅自行事，并激励他们做出负责的行为，怎样调控基金的活动。

罗马尼亚建立了五个私人财产基金会，向我们展示了有趣的范例。这些基金会在商业股份公司体制下运行，也是将部分无偿转让给居民的国有财产的股份的持有者。国有财产基金会也是应当公开出售的国有财产的股份持有者。尽管私人财产基金会和国家财产基金会都是独立法人，但是国家在法律基础上严格地控制他们的活动。私人财产基金会的领导成员由国家议会两院每五年确定一次，在这期间被指定完成国有财产向居民的无偿转让任务，之后私人财产基金会将被改组成金融投资公司。在 17 个（每七年选拔一次）国有财产基金会的领导成员中，5 个（包括基金会的主席）由国家总统任命，另 3 个由议会上院常务委员会任命，还有 3 个由下院常务委员会任命，还有 5 个由政府任命。

据很多分析家评价，克罗地亚也提供了成功的范例。在流通券兑换股票的初期阶段，就建立了 7 个私有化投资基金会。私有化投资基金会数量少是因为对其成立要求非常严格的缘故，特别是在货币存款方面和拥有专家方面。为了注册，投资基金会必须预先收集数额不少于 10 亿级的私有化券。取代这些私有化券的是私有化投资基金会发给其所有者的自己的股票。公民成了基金会的股东，其拥有的股票数量等于其投入私有化基金会的票证数量占所统计的全部票证总额的比例。私有化投资基金会的股票可以完全用私有化券支付。根据法律，私有化投资基金会必须将 1.25 亿库纳（相当于 200 万美元）的资产存在一家克罗地亚银行，以确保维护股东自己的利益，为期五年。

为了制止商业腐败，也就是自己人的交易，克罗地亚的私有化投资基金会无权直接交换股票，或者出售基金会的财产，这些交易只能通过交易所完成。基金会也无权将股票放到抵押银行，必须在注册当日起 30 天内上市。

克罗地亚私有化投资基金会的活动处于国家严厉的监控之下。基金会组成了隶属于克罗地亚经济厅的管理委员会，该经济厅的工作在银行和其他金融机构的联合组织里运行。

提到大众无偿私有化模型的区别，应当注意这一点，各国居民在证券私有化中的权利不同。捷克、斯洛伐克、波兰规定，公民既可以把私有化券全部直接投资到企业，也可以通过投资基金会投资到企业。而罗马尼亚不允许将私有化券直接投资到企业。

这样就形成了两种对待私有化券流通问题的态度。俄罗斯最初就允许私有化券自由流通。捷克和斯洛伐克禁止转让私有化券（尽管在生活中这种禁止执行得不是很严格），刺激了用私有化券购买的股票的二次流通，这种交易通过布拉格交易所展开，也成了场外交易的工具。对于很多专家来说，捷克由于推行证券私有化出现了财产的集中和所有权的交叉很令人意外。所有权曾集中在几个基金会手里。在这种情况下，基金会控制着相互竞争的企业股份。基金会，还有与之相联系的银行被缠进复杂的财产交织网里。曾经发生过银行被用私有化券私有化而导致私人财产的交叉持有①。由于实现了证券私有化，银行避免了来自竞争对手的压力，而政府则继续通过自己在私有化银行的股权来控制40%的经济。

在证券私有化过程中，组织拍卖活动呈现出明显的国别特点。拍卖可以同时进行，也可以依次进行。捷克和斯洛伐克在第一轮私有化中（捷克在第二轮私有化过程中也是）进行了同时拍卖。保加利亚1996年也规定了这种模式。其他国家包括俄罗斯在内都是进行依次拍卖的。从经济观点看，捷克的模式更有效率。因为在当时情况下，在举行拍卖的过程中，参与者拥有充分的相同的信息量，私有化券的购买力还不会像进行依次拍卖的那些国家那样随着情况变化而变化。应该承认，捷克和克罗地亚的拍卖在制定股票价格时分成了很多阶段，比其他国家更加公平一些，同时在技术上也更为复杂。这种拍卖方式由于满足以下条件才得以实现：国家规模不大，官方对拍卖过程相对严格的监控，还有政府和居民对所进行的拍卖过程的实质有高水平的理解。

提到私有化模型的差别，应该强调一点，有时候私有化的模式彼此差别是很微小的，只是在重新分配阶段差别才开始显现，也就是在财产集中阶段。特别对于那些不等价私有化比例相当高的国家来说非常重要。

---

① Coffee J. , "Investment Privatization Funds: The Czech Experience", *Corporate Governance in Central Europe and Russian*, L. : Central European University Press, 1996.

那么在俄罗斯，为了加快实现依次进行的财产再分配，这种分配应该导致财产集中到真正所有者手里，在私有化纲要里确立了很多看来是缺少深思熟虑的错误的决策机制，这指的是什么呢？

以下几点实际上在最初发放阶段就已经促进了第二次财产分配的启动：

——将私有化券发放给持有人并保证自由流通。

——拒绝将发放的私有化券总价值与应私有化财产的数量相符（在证券私有化的最后阶段，联邦财产基金会放弃了用证券兑换几百家大型最值钱企业的股票，这些证券当时已经集中到投机机构手里，由于人为地抬高了供给，严重地超过了需求，导致私有化企业股票的严重贬值，这些企业立刻成了大规模投机的对象，这些企业的大部分股票之后又被投资机构转手卖到国外换取了巨大利润，实际上是俄联邦国家国有财产管理委员会从联邦预算中偷走的财政资金）。

——私有化开始时，没有对国有财产进行必要的重估；企业自己是在平衡账户的基础上对私有化和出租的国有财产对象进行价值评估的，企业行政部门乐于过分压低这些数据。随后的财产重估是在高通胀率的条件下进行的，而且还有时间上的延迟，足以使财产在实际价值方面不止一次地发生贬值。

——高通胀机制的启动使私有化财产的价格多次下降，迫使大多数居民在产生严重物质困难的条件下，尽可能快地把财产的符号变成少得可怜的现金。

——建立绝对优惠的投资基金会注册制度，提供收集私有化券的权利，可以不受监管地通过出售给有兴趣的法人，不在私有化券持有人面前承担任何义务，自由地从市场消失。

——为自己人（新的官僚群体）提供致富的便利条件，而发财的主要来源是以这样或那样的借口盗窃国家预算资金。当居民为私有化券投到哪里费尽了脑筋，或者干脆按照一瓶伏特加酒的价格变卖的时候，也开始了积极的巨额资本形成的过程（首先是金融资本），这些资金应该积极参与财产的二次分配和更加吸引人的资产的货币私有化过程。

——吸引任何资本包括犯罪资本参与私有化。拒绝审查用于私有化过程中的资金来源问题（在资产大众私有化阶段没有推出关于洗钱和俄罗斯商业银行不需提供资金来源信息擅自分配现金的法律)①。

这样,俄罗斯财产的集中主要是通过启动上述机制进行的,这些机制导致了为此目的专门创立的基金会把私有化券集中起来,基金会的背后一般是大型企业的领导者、上层官僚的代表、外国法人和自然人、犯罪组织的代表。

为了回应那些认为俄罗斯的大众私有化模式没有一点比其他后社会主义国家进行的模式差的人,让我们举出波兰实施的大众私有化纲要,它被公认为推行经典的休克疗法的典范。

波兰是在直接私有化形式和清算私有化形式已经在全国取得广泛推广的时候开始着手大众私有化的。拖延五年才开始大众私有化(与大多数后社会主义国家相比较),不仅把私有化的权利保障和技术纲要做到细致入微,而且还进行了细心的组织准备(成立国家投资基金会,挑选运行有效的强大的企业进行适当的私有化等)。除此之外,这一时期的华沙证券交易所得到了巩固和发展,它被指定充当有效实现大众私有化的重要角色。波兰大众私有化计划的任务与其他后社会主义国家类似计划不同的是,主要不是将大量的国有资产转移到居民手里,而是建立被列入私有化计划的企业资产重组的机制。1994 年 12 月,产权改革部长决定以国有股份公司的形式成立 15 个国家投资基金会。投资基金会在这个决定中得到了 512 家有活力的国有股份公司的股份(尽管还不是那么繁荣兴旺),这些公司都包括在大众私有化计划中,波兰公共部门生产能力的 8% 被列入了私有化计划。

关于这些企业的行业结构和规模方面的数据由表 4 提供:

国家投资基金会计划首先把员工人数为 100 人到 500 人的中型企业列入其中。大部分股份在 15 个投资基金会之间分配。512 家国有股份公司最初的产权结构是相同的。其中一个领先的基金会获得了 33% 的股份,其他基金会各获得 1.93% 的股份;国家成了第二大股东(按股权的大小,占 25% 的股份),劳动集体获得了剩下的 15% 的股份。

当 1996 年开始出售私有化券(股权证书)时,在大众私有化领域实

---

① Болва Н. В. ,“Криминальное государство: реальность или перспектива?”*Актуальные проблемы борьбы с коррупцией и организованной преступностью в сфере экономики*. Москва: 1995 , С. 23.

施了一系列措施，这种私有化券可以投资到国家投资基金会。私有化券是按照法律对所有成年公民统一发行的票证，退休人员和预算领域的工作人员可以免费得到，其他部分通过支付少量货币卖给普通公民，所要支付的费用在最初阶段就已经确定，大约占全国月平均工资的 10%（20 个新兹罗提），当时相当于 10 美元。

所有私有化券以金融凭证的形式向持有者发放。私有化券的分配从 1995 年 11 月到 1997 年 12 月完成。私有化券的市场价值在分配初期阶段是高于原始价格的。这与私有化券能够在交易所和二手私人交易市场按照交易价格自由买卖有关。私有化券的持有者达到 25 万居民，或者说 95% 的居民有权利获得私有化券。

表4　　　　　波兰列入大众私有化的工业领域的企业结构和就业人数　　　　（%）

部门和领域	总计	企业中的就业人数				
		少于 200 人	201—500 人	501—800 人	801—1000 人	1000 人以上
总计	100	13.1	30.7	14.8	8.4	23.0
矿山开采业	1.8	0.2	0.4	0.6	0.2	0.4
加工业	78.7	9.0	23.2	18.2	6.8	21.5
包括食品加工	13.1	3.7	4.7	2.9	0.6	1.2
纺织业	10.2	0.6	2.9	2.1	1.0	3.5
机器制造业	12.3	0.2	3.7	3.3	1.4	3.7
建筑业	14.6	1.4	6.1	4.9	1.2	1.2
贸易和修理	3.3	2.1	0.4	0.8	—	—

数据来源：Prywatyzacja przedsiêbijrstw pañstwowych. W – wa：CUS, 1995. S. 14.

实施大众私有化计划的第二个阶段是在 1998 年完成的，开始用私有化券兑换国家投资基金会的股票。国家投资基金会发行自己的股份，基金会的股票上市时，一张私有化券可以换一份股票（由 15 股构成），也就是每个基金会的单位股票。这个措施被定为对所有自然人——私有化券持有者保持平等的起始条件。每个基金会 85% 的股份资本被指定用私有化券兑换,其他15%保留下来用于支付奖励代理公司金融活动业绩的费用。

国家投资基金会从分析股份公司的潜力开始自己的工作,他们在这些股份公司中拥有控股权,并制订企业重组和出售的计划。逐渐准备好后,计划将广泛公布。证券委员会允许股份有限公司的股票进入有价证券市场流通的条件是,国家投资基金会提供1995年年度平衡表和股份公司校正后的平衡表。1997年3月,所有国家投资基金会的发行说明书由上述提到的证券委员会核准。

为了管理投资基金会,国家育种委员会挑选出一些公司,这些公司被指定负责投资基金会控股公司的金融活动。他们可以通过直接或间接参与企业重组、支持私有化过程和寻找战略投资者来完成上述任务。公司负责分配和保证投资基金会有价证券的合理流通。他们能够出售和清算处于管辖之下的企业。

波兰国家投资基金机构的形成过程证明了管理体制中重要的政治因素:基金会的经理由监督委员会任命和监督,监督委员会是由隶属于国家政府的委员会组成的。

执行国家投资基金会计划一开始,列入计划的企业产权结构发生了重大变化:实现了财产向少数股东的集中和产权的广泛再分配。在1995年到2000年五年之间,245家企业(占48%)转移到了战略投资者手里,其中包括52家转移到外国投资者手里(占总数的10%),有80家企业要么已经倒闭,要么处于清算过程,要么宣布破产。有36家公司的股票(占7%)在华沙证券交易所流通①。

精心挑选列入大众私有化计划的企业,对这一体制和其中每个具体企业运行模式的深思熟虑,以及对企业活动严格的监督,都为整个体制获得相当高的工作效率提供了条件。直到现在大众传媒中也没有出现过有关国家投资基金会破产或者亏损的报道。

因此,关于财产凭证的特点(记名的或者不记名的),所购买的股票的流通规则,金融中介的自由程度,被私有化企业领导者由于股票集中到私人手里进行影子交易的可能性,也就是最先由私有化制度决定的全部条

---

①　无论是国内投资基金会本身产权结构的变化,还是私有化纲要中被私有化的512家企业产权结构的变化,都在Phare ACE关于"第二阶段的私有化:私有化企业产权结构的变化"项目中有所分析。(*Secondary Privatization in Poland (Part 2): Evolution of Ownership Structure and Performance in National Investment Fund and their Portfolio Companies. Warsaw, 2001.*)

件，从所有制结构形成的角度看，具有最终决定性的意义。它们还决定了
新所有者的行为战略，正像我们下面所说的那样。

与大众证券私有化计划一起，主要的私有化方法是出售或者无偿转
让，或者全部企业或部分企业优惠地卖给经理和工作人员。这种方法在克
罗地亚、波兰、斯洛文尼亚、塞尔维亚、保加利亚得到了广泛的推行。在
俄罗斯和格鲁吉亚，实质上它成了大众私有化范围里正式的辅助模式
（对劳动者有很大的合法优惠）。在立陶宛和蒙古，有利于劳动集体的私
有化是自发发展起来的（劳动者和其家庭成员在公开市场上用私有化券
购买企业的股份）。

方法有多少变种，取决于谁参与企业的私有化（只有经理，经理和
被私有化企业的劳动者，或者内部人和外部经理共同得到产权），也要看
在什么样的条件下（见图2）。

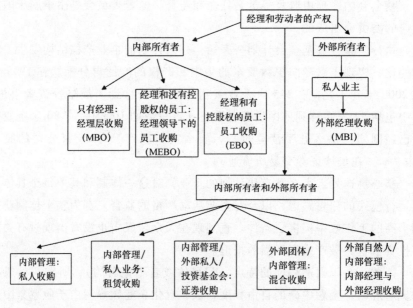

图 2   中东欧国家的私有化方法

并非所有国家都采取将企业卖给经理和劳动者、提供内部人很多优惠
的办法。最大的优惠在俄罗斯被规定有三种方案（包括51%的股份），在
格鲁吉亚，内部人的权利最高限制到只能用私有化券和货币优惠购买

51%的股份。在斯洛文尼亚，私有化企业的工作人员能够免费得到20%的股份，还有40%支付内部认购价格的一半。

其他国家的优惠要小得多。例如，波兰根据法律从1990年6月13日起，企业的劳动集体成员可以要求得到20%的股份，只支付一半的价格，而根据大众私有化的法律（1993年5月）——只能10%。也有可能基于一般的理由向产权改革部递交自己的私有化方案，希望能够允许他们收购（在通过商业化进行私有化的框架下）和租赁（在清算私有化的框架下）整个企业，这在实践中完全广泛地应用于中小企业。

匈牙利企业员工参与私有化是建立在赔偿的基础上的，并在私有化信贷机构和名为"存在"信贷的帮助下进行的。从1993年2月1日起，"存在"信贷的利率从16.6%降到6%—7%，偿还的最长期限从10年增加到15年，使用无息贷款的期限从提供贷款之日起由两年增加到三年。

捷克斯洛伐克因为对息票私有化（即证券私有化，译者注）相当广泛的社会支持和对企业员工优惠的否定态度，分给员工的股份比例被限制在10%。

德国负责国有财产私有化的监督机关最初激烈反对任何一种形式的劳动集体收购企业财产（包括部分的和全部的），试图尽可能大规模地完成自己的主要任务——在有偿的基础上将国家财产转移到私人手里。然而当他们弄清楚远不是所有的产权对象都找到了潜在的购买者，而且推行有偿私有化后失业将达到1989年就业人数的35%—40%时，政府开始允许采取妥协的解决办法，经理和员工可以收购企业的部分产权。

在这种情况下，同样有兴趣得到自己企业的管理人员会同企业潜在的购买者一样都必须向监督机关（当地所属的相应机构）提交企业发展设想，保证投资和保留工作岗位，提供价格方面的建议。仅仅在其他候选人提供的条件相等的情况下，监督机构才更愿意把企业交给管理人员，管理者应通过劳动集体的信任投票，并参与企业的一部分投资。

在这种情况下，管理人员作为新的所有者和外部的购买者不同，可享受一些监督机构提供的优惠。其中有一部分可能获得不包括房地产的企业，不动产可以租赁，今后有权优先收购。从资产中可以将那些与生产过程无关的东西排除出去，购买者可以推迟支付，监督机构作为旧企业贷款和新所有人承担义务的担保人。

到1993年5月，在11900家被私有化的大型德国企业中，20%被经理收购，只有交易的十分之一规定一些员工可以参加投资。

经理和员工收购企业作为私有化的方法——其中一个优越性就是私有化政策的普及性。在内部投资者掌握相当大权力的国家，他们能够保持自己对私有化决策的影响，并确保自己在私有化决策时的否决权。在一些国家中，劳动集体的否决权事实上是绝对的，如斯洛文尼亚，而在另一些国家，带有有限的特点。

这种方法的第二个潜在的优点通常是发达市场经济运行条件下发展集体企业的支持者们强调的。他们认为，在这样的企业中，财产可能不仅分配得公平些，而且更能有效地使用[1]。按照集体企业支持者的观点，财产的分配更公平一些，集体企业能够更有效率一些，因为所有者和劳动者的创新激励使然。经理和员工有兴趣更好地工作，彼此实行更加有效的监督，并保证更高的生产力，如此一来，他们有可能保证企业不断盈利。

然而，正像一些国家的经验所表明的那样，在将企业转移到劳动集体手里具有潜在优势的同时，这种私有化方法也存在严重的问题。后者在转型过程中感觉特别明显。例如，私有化的过程可能表现为极端的不公平，如果统计一下，现代化盈利企业的员工是处于优越地位的，这个企业的发展耗费了相当多的社会资金。研究表明，到1994年底，19%工作在私有化企业中的俄罗斯人拥有了56%的财产，同时，81%的俄罗斯公民只得到了私有化券，只是把15%的国有财产私有化了[2]。

坚持给内部投资者优先权，有时会完全排斥私有化过程中竞争原则的发展，这是使用这种方法遇到的第二大问题。内部所有者通常无力对企业发展投入大额资金，没有企业重组过程中必需的那种新的技能和知识，老经理也往往缺乏市场条件下工作的必要知识。因为业务更加熟练并有能力投入资金的外部投资者的参与实际上受到了排斥或者非常困难，在私有化过程中形成的有利于劳动集体和经理的产权结构并不是最佳的。

---

① Earle J., Fridman R., Rapaczynski A., Turkewitz J., *Small Privatization*, L.: Central European University Press, 1994; Ellerman D., "Management and Employee Buy-outs in Central and Eastern Europe: Introduction", *Management and Employee Buyouts as a Technique of Privatization*, CEEP Workshop Series. №3, Ljubljana: 1993.

② Blasi J., *Russian Enterprises after Privatization*, Paper presented at the Allied Social Sciences Association meeting in San Francisco, January 1996.

　　经理收购企业的优势可能会在市场竞争条件下强化,市场竞争将迫使企业工人遵循市场经济的共同规则。这可能是由于制定了严格的预算限制,也可能是由于为了提高竞争力刺激了新企业的发明创造。自治企业能够成功地与小工业企业与服务领域的企业在吸引国内资本的部门展开合作。斯洛文尼亚和克罗地亚私有化企业的活动就是鲜明的案例。

　　在发达市场经济国家里,员工所有制特别是一些工人的所有制有变为投资者所有制的趋势①,后社会主义国家也出现了类似的趋势。为了使这一过程更加活跃,应该既保证对股票的需求,又保证股票的供给。为了形成供给,股票应该无任何限制地出售,它们在所有的南斯拉夫国家都存在,在保加利亚制定了明确的股票形式。为了产生需求,外部投资者不仅应拥有大量的资本,还应有获得必要信息的途径,以防止企业经理和劳动集体方面可能的舞弊行为和各种骗人的把戏。而这本身先要有运行良好的公司法,调控有价证券流通的法律规范,发达的会计核算和审计体系。最后,保护外部投资者的制度只能作为整个经济和法律领域实施的经济改革的结果而出现②。

　　总结一下中东欧国家比较普及的有利于劳动集体的国有资产出售办法具有的优点和不足,可以发现,经理和工人的所有制在很大程度上符合了股票持有者的要求。这种形式在建立公司管理制度和吸引外部投资、知识的情况下效率非常低。特别是在不进行适当的重组就无法生存的企业中使用这种形式是有问题的。集体中产生的利益冲突会失去彻底改革的可能性。建立工人和经理所有的企业,在运行较好的、能够产生内部投资来源的公司或小型企业里效率会更好。为了保住品牌,工人们甚至准备心疼地缩减工资③。然而在要求增加巨额投资的大型公司里,概率会小些。集体企业形式促进了必要资源的积累、激励因素和知识技能的产生,而这些都是进行大规模企业重组所必需的。

　　在内部所有者利益占优势的企业中,表示赞同和否定的态度非常分

　　① Earle J., Estrin S., *Worker Ownership in Transition. Corporate Governance in Central Europe and Russia*, L.: Central European University Press, 1996.

　　② Gray Ch., Hendley K., *Developing Commercial Law in Transition Economies: Examples from Hungary an Russia*, Wash.: World Bank, Policy Research Department, 1995.

　　③ Earle J., Estrin S., *Worker Ownership in Transition. Corporate Governance in Central Europe and Russia*, L.: Central European University Press, 1996.

明。而在内部所有者不占优势的企业里，这种私有化形式的优势具有特殊的意义，劣势实际上会表现为零。通过成立集体企业的办法私有化的主要优势将在以下条件下表现出来：承认制定的私有化方式从劳动者角度是最公平的，因而也是容易实施的，出现更多的企业内部所有者监督经理和外部投资者的机会。这些外部投资者可能只对掠夺公司资源感兴趣，或者作为他们控制下的企业的竞争对手消灭掉。最后一个优势最重要，如果考虑到政策的软弱性和所有国家转型经济时期监控制度的软弱性的话。

大多数中东欧国家都比独联体国家启动转轨改革早些，开始都假定通过出售变现的方法把国有企业私有化。他们幻想能够由于出售企业出现一些拥有管理工业企业领域专门知识的国外大投资者（首先是外国人）。我们眼前就有这种私有化的成功经验：英国和智利。用实际资金购买资产确保了相当大的预算收入，而且是在出现了战略投资者的情况下。

——出现了大量的老的国有企业重组必需的资金和真正的所有者，他们拥有知识和高效管理企业的愿望。

——实现了更多的理论上能够向财产购买者提出的附加要求。

然而实现这些愿望是比最初的想象更加困难的一件事情。在大多数国家，外国投资者不愿意进入，国内的外部投资者又不是十分强大到足以对私有化过程产生重大的影响，中小企业的购买力是有限的。

民主德国的大多数企业通过把企业卖给外部投资者成功地实现了私有化。然而这要归功于联邦德国表现出来的政治意志，提供了大量的技术和财政援助才得以实现，但以裁减工人就业为代价①。同时我们也不能忘记，民主德国由于加入了联邦德国，获得了由自己支配运转的金融市场，有力的信贷网，改变了与市场经济规则相适应的法律制度和税收制度。

联邦德国的改革者利用市场经济立法高度集中地管理私有化过程，并将这一职能赋予监督机关，它也像国有企业所有者和其他列入国民经济目录的经济单位一样运转。1990 年监察部接管了 1 万家企业（实际上是原民主德国所有的中型企业和大多数大型企业），25000 家服务领域的企业，

---

① Thadden E. L., *Centralized Decentralization : Corporate Governance in East German Economic Transition*, Switzerland: Institut für Volkswirtschaft, Universität Basel, 1994.

还有 650 万公顷土地①。

推行企业重组和健全化措施成了监察部的义务，这些措施促进了企业竞争力的提高。前景好的企业依靠监察部进行了私有化并得到了健全和改善，破产政策被搁置。与健全企业和清算企业有关的监察部的活动经费依靠债款（银行的贷款、债券和中期有价证券），还有私有化的收入。最初监察部的活动经费是由数额为 70 亿德国马克的启动资金保证的，1990 年夏天得到了 100 亿德国马克，用来消除清偿力危机的后果，监察部得到的 252 亿德国马克被分配给了 8000 家应该私有化的企业。从 1992 年起，机构每年从预算中得到 380 亿德国马克。

然而，民主德国国有企业私有化过程的特点之一就是定位于寻找西方的购买者（至少是西德人），大约有 85% 的工业主要资本在私有化过程中落到了西德人的手里，只有 6% 落到了国外投资者手里②。在私有化过程中，西德人的工业资本和银行资本决定了东部土地这一新的经济部门结构的形成。这实际上意味着消灭了原民主德国的工业。

其他一些没能寄希望于像德国那样有详细私有化政策的国家在改革初期或者很慢地出售自己的资产，或者基本上采用了其他方法。从 1990 年到 1994 年 5 年间，匈牙利只卖掉了三分之一的资产③，波兰和罗马尼亚在私有化的最初阶段曾尝试使用这种方法，成功之处是至少限制了规模。

波兰最多使用的产权转型方式是直接私有化（清算），可以归类为准出售企业的方法。其出发点是清算企业，金融手续和法律手续不是同时的，而是拖延了一段时间（分期支付），这使得企业清算和私有化的过程相当漫长。清算性私有化方法主要在中等规模的企业中推广。大多数情况下在此基础上清算的经济单位转给了原工作人员成立的公司作为租赁（占 66.76%），相当小的一部分卖给了外国购买者（20.7%），或者扮演

---

① München, *Privatization in Poland and East Germany: A Comparison*, Osteuropa – institut, 1995, Vol. 11, p. 55.

② Люфт К., "Итоги приватизации, осуществленной Попечительским ведомством: оно вело себя как орган власти, а не как собственник", *Politekonom.* 1996, №1, С. 26.

③ Pistor K., Turkewitz J., "Coping with Hydra – State Ownership after Privatization: A Comparative Study of Hungary, Russia, and the Czech Republic", *Corporate Governance in Central Europe and Russia.* L.: Central European University Press, 1996.

向刚成立的股份公司进行物质投资的角色（只占 6.2％）①。

这种清算形式是在实施私有化时依据国有企业法来使用的。它仅仅在企业状态归于趋于恶化的时候使用。在这种情况下，出售它的财产是清算过程的副产品。利用这种方法使小私人企业以相对低的价格得到了被清算的国有企业的部分财产。

清算程序比直接出售的方法复杂得多，并要求相当长的时间。正是因此，在波兰采取了清算决定的 1428 家国有企业中，在 1996 年 9 月前，清算私有化的手续只完成了三分之一。

在证券市场上分配国有企业的股份是直接出售的变种。然而使用这种私有化方法的可能性严格受限于一系列因素。第一，它直接与转轨国家证券市场的发展水平有关，而这些国家在大多数情况下经济是软弱的。第二，这种私有化方法只有对于运行比较顺畅、有良好声誉的企业是可以接受的，这在转轨初期的中东欧国家不是很多。第三，通过证券市场分配企业股份来实现私有化，对企业必须进行重大的结构改变，因为这导致了产权的分散，无法在新所有者当中引起必须实行改革的兴趣。正因如此，在转轨初期使用这种私有化方法的规模受到了限制。这种私有化方法在匈牙利 1996 年初使用过，在从上至下的私有化阶段，通过国有资产局的中央计划；在波兰，1995 年末在此基础上有 20 多个国有企业被私有化，其中有一半是吸引外资的。随着证券市场的发展，分配被私有化国企股份变得越来越普遍。

一些中东欧国家批准了以较低价格出售国有企业财产的纲要，同时向投资者提出了从企业未来收益中追加投资这一条件。然而实践证明，新投资者总是拒绝承担追加投资的责任，因而使企业处于极端复杂的境地。

很明显，直接出售，如果这不仅仅是把财产打折的话②，是一种成本很高的私有化方法，它要求大量的准备，为了弄清楚潜在购买者的金融经济状况和投资者的独立性程度（完成他们所承担的义务的能力等），有时候需要预先的谈判。此外还存在其他一系列问题，这些问题都使直接出售国有财产的交易变得复杂并减慢了速度。例如，关于谁来

---

① С. П. Глиикина Ред., *Приватизация в странах Центральной и Восточной Европы: Первые результаты*, Москва: 1998.

② 格鲁吉亚新民主力量 2004 年执政后是在"格鲁吉亚出售一切，除了良心"的口号下推行私有化的，对购买者提出的唯一要求是价格最大化。

承担弥补私有化的企业在过去的运转阶段中使自然环境遭受损失的责任，这个问题没有得到调整，以及如何补偿那些在社会主义改革初期以前占有财产的人①。

直接出售的过程很复杂，有时简直走到了死胡同，特别是当产生私有化企业价值评估问题时。改革初期阶段在高通胀的条件下使用平衡法进行价值评估，开始了非常广泛的、极其便宜的财产出售。很多交易被认为是可疑的，特别是在那些非正式制度的国家、腐败起很大作用的国家。这在同外国投资者交易的情况下特别明显。其中每一笔交易都是在具体情况下制定专门的法律规定基础上实现的，而且考虑到了特殊动机。

直接出售的进程在中东欧后社会主义国家 1995 年底开始加快了速度。当时，随着国家预算和收支平衡失衡的不断增长，国家开始拒绝保留国有财产中战略上重要的经济领域和个别自然垄断企业、早先列入不属于或者属于长远私有化的专有名单的企业，以及外国资本渴望进入的领域。

在过渡经济的条件下，所有人开始经常考虑按照新修订的私有化法直接出售的企业财产的复杂性。那么，为了便于寻找更有效的投资者，2002 年罗马尼亚通过了关于加快采取私有化措施的法律，其中考虑了国际金融组织的建议，由于大多数被指定私有化的企业不堪信贷和预算债务的重负，法律规定了预先改善企业的措施和资金方面的优惠，有的部分或全部地取消了在 2001 年 12 月 31 日前积累的债务。考虑到实施外部（专门的）管理制度的可能性，这种管理制度允许改变生产组织结构、出售资产、将企业的债务转换成股份。特殊情况下还允许用欧元购买企业的交易，如果投资者同意清偿他所购买的企业的债务，或者为了发展生产和企业的现代化而进行大额投资。

这样，法律被要求提高对被出售国有资产的投资者的吸引力②。同时通过了一系列严格限制国家对新所有者按照签订合同履行义务过程进行监

---

①　Rutledge S., *Selling State Companies to Strategic Investors: Trade Sale Privatization in Poland, Hungary, the Czech Republic, and the Slovak Republic*, CFS Discussion Paper Series 106, Wash.: World Bank, 1995.

②　直到最后时刻，罗马尼亚政府还在为电能和天然气分配体系、铁路公司等企业的私有化寻找投资者，同时遇到了很大的困难。经常重新制定允许参与购买国有石油公司、商业银行和进出口银行控股权投标活动的外资企业名单。

管的法规文件①。

　　总之,什么样的私有化模型在后社会主义国家是最受欢迎的,后社会主义国家使用各种私有化模型的情况最终看起来是怎样的,见表5。从表中提供的数据可以看出,绝大多数中东欧国家更喜欢保证质量和长期的私有化实施方法,通常会拒绝大众私有化,或者在有限的范围内实行。与此同时,一些独联体国家表面上赋予了私有化社会目标成果更大的意义,以这样或那样的形式实施了大众私有化计划(土库曼斯坦和塔吉克斯坦例外),采用了将财产转移到企业劳动者手里的模式。

表5　　　　　　　　　　　各种过渡经济的私有化方法

国家	不等价的私有化			货币私有化 直接出售
	大众私有化	经理和员工 集体优惠收购	返还和赔偿	
阿尔巴尼亚	次要方法	基本方法		第三重要的方法
亚美尼亚	基本方法	次要方法		21世纪初主要方法
阿塞拜疆	基本方法	未使用		次要方法
白俄罗斯	次要方法	基本方法		未使用
保加利亚	次要方法(实际实现的是1996年开始的息票私有化)	第三重要的方法(在购买股份、统计工龄、支付期限方面有很大的价格优惠)	(资产性的)	基本方法
格鲁吉亚	第三重要的方法	基本方法		2004年新国家领导人上任后成为基本方法
匈牙利	未使用	实际未使用	赔偿形式的再私有化涉及2万公民	基本方法
德国东部	未使用	在按照经理收购模式对企业进行私有化时规定了一定的间接性优惠	资产性的(涉及10%的私有化财产)	基本方法

　　① 保加利亚的新私有化法仍然制定了2002年通过的那些目标。在那里,私有化过程因为低财政收益、财产非国有化的程序不透明、转给了没有效率的所有者以及腐败等问题遭到了尖锐的批评,出现了大量购买者不履行投资和就业义务的交易。在这种情况下,仅仅收到了投资方面应收违约罚金的0.5%。2002年底大约有700家公司被要求重审私有化合同(Пари,2002.12.13)。

续表

国家	不等价的私有化			货币私有化 直接出售
	大众私有化	经理和员工 集体优惠收购	返还和赔偿	
哈萨克斯坦	基本方法	未使用		次要方法,21 世 纪初作用上升
吉尔吉斯斯坦	基本方法	次要方法		第三重要的方法
拉脱维亚	基本方法	未使用		次要方法
立陶宛	基本方法	未使用		次要方法
马其顿	未使用	基本方法		次要方法
摩尔达维亚	基本方法	不使用		次要方法
波兰	第三重要的方法 (1996 年开始启动实 施大众私有化纲要)	次要方法(相当大 的优惠)	未考虑	基本方法
俄罗斯	第三重要的方法	首要方法	未考虑	次要方法
罗马尼亚	第三重要的方法 (在大众私有化最 初阶段有30%需转 型的产权实现了私 有化)		被考虑	私有化最后阶段 及其重要的方法
斯洛伐克	次要方法	90 年代的主要方法	资产性的(涉及 10%的私有化财产)	21 世纪初开始成 为基本方法
斯洛文尼亚	次要方法(大众私 有化涵盖了国家所 有成年公民,在分 配产权证时考虑了 劳动工龄)	基本方法(各个方 面的优惠)	有限的范围内被 考虑	第三重要的方法
塔吉克斯坦	未使用	基本方法		未使用
土库曼斯坦	未使用	基本方法		次要方法
乌兹别克斯坦	第三重要的方法	基本方法		次要方法
乌克兰	次要方法	主要方法	第三重要的方法	
克罗地亚	次要方法(大众私 有化带有赔偿性 质,涉及最近战争 过程中遭难的人)	基本方法(有相当 大的优惠,与工龄 挂钩)		第三重要的方法
捷克	基本方法	未使用(优惠极其 有限)	资产性的(满足了 13 万关于返还财 产的请求)	次要方法
爱沙尼亚	次要方法	未使用	被考虑	基本方法

中东欧及独联体国家大众私有化的结果是形成了相当大规模的私人企业部门（见表6和表7）。

表6   中东欧*国家私有化的数量统计

国家	大私有化指数 （欧洲复兴开 发银行，2005年）	小私有化指数 （欧洲复兴开 发银行，2005年）	私人部门在2005年 中期国内总产值 中的比例（％）
实现高等私有化水平的国家			
保加利亚	4	4 −	75
匈牙利	4	4 +	80
立陶宛	4	4 +	75
斯洛伐克	4	4 +	80
捷克	4	4 +	80
爱沙尼亚	4	4 +	80
实现中等私有化水平的国家			
阿尔巴尼亚	3	4	75
拉脱维亚	4 −	4 +	70
马其顿	3 +	4	65
波兰	3 +	4 +	75
罗马尼亚	4 −	4 −	70
斯洛文尼亚	3	4 +	65
克罗地亚	3 +	4 +	60
低等私有化水平的国家			
波斯尼亚和 黑塞哥维那	3 −	3	55
塞尔维亚和 黑山共和国	3 −	3 +	55

注："*"数据按欧洲复兴发展银行的方法统计。大私有化指数：1表示私有制企业的规模不大；2表示私有化的模式已准备好；3表示超过25％的大型企业资产已经转移到私人手里，或

者已经进入私有化程序，然而公司治理的问题基本上还未解决；4 表示超过 50% 的国有企业资产属于私人所有，并在公司治理方面获得很大的进展；4 + 表示达到工业化发达国家的标准水平：超过 75% 的企业资产属于私人所有，并正在进行有效的公司治理。

小私有化指数：1 表示进展不大；2 表示大部分中小企业被私有化；3 表示采用了综合性的计划；4 表示带有产权交易的中小企业已完成私有化，4 +、4 - 表示达到了工业化发达国家的经济标准；土地进行了有效的流转（出售土地的可能性）。

表 7 　　　　　　　　　　　独联体国家私有化数量统计

国家	大规模私有化指数（欧洲复兴开发银行，2005 年）	小私有化指数（欧洲复兴开发银行，2005 年）	私人部门在 2005 年中期国内总产值中的比例（%）
实现中等私有化水平的国家			
亚美尼亚	4 -	4	75
格鲁吉亚	4 -	4	65
哈萨克斯坦	3	4	65
吉尔吉斯斯坦	4 -	4	75
摩尔达维亚	3	3 +	60
乌克兰	3	4	65
俄罗斯	3	4	65
实现低等私有化水平的国家			
阿塞拜疆	2	4 -	60
塔吉克斯坦	2	4	50
乌兹别克斯坦	3 -	4	65
局部私有化的国家			
白俄罗斯	1	2 +	25
土库曼斯坦	1	2	25

对实施私有化纲要的实践进行的分析表明，私有化过程对以下方面有很强的依赖性：

——历史上形成的一些参与者对私有化过程的影响程度。如劳动集体和上级任命的领导干部等。

——市场公共基础设施的状况。

——国家经济对投资的吸引力。

——经济状况特别是发生经济危机现象的严重性。

——国家政治力量的具体配置。

上述因素对私有化的速度会产生影响，决定了为解决国家预算问题出售国有财产所得进款的多少，决定了外国投资者在私有化过程中的作用。

（二）金融资产的影子私有化

上一节我们考察了中东欧国家国有企业私有化的基本模型。我们最感兴趣的是取代生产资料所有者的法律组织过程。90年代末后社会主义国家的实践证明，很多国家的私有化部门和国有企业遭受周转资金严重不足的困扰。

问题产生了，现实经济部门和资金流是如何分道扬镳的呢？只要考察市场关系形成的最初阶段金融资产私有化的机制，就可以找到其中一个答案。

应该承认，在对国有企业现有资产实行私有化的过程中，很多违反法律的行为被允许，还发生了欺骗和其他不道德的行为。

然而整个过程又是官方正式的，很大程度上是透明的和可以观察到的。中东欧国家金融资产私有化时出现了另一种情景。在这一过程中，不仅没有一个地方承认它是私有化的重要组成部分，而且在影子经济交易范围里进行，很难得到观察和分析。与此同时，既然从指令性计划向市场经济体制过渡是转轨过程的重要内容，不能不承认，资金开始扮演重要的角色。因此，金融资产的私有化成了比经常容易老化的工业和其他企业生产资料的私有化更重要的过程，正像保加利亚的研究者指出的那样，经理们在自发私有化的过程中快速地将资产转移到自己控制下的公司里，只给国有企业留下一个空壳和一堆债务①。

影子经济是后社会主义国家金融资产私有化的主要领域，它的发展更多是由于官方经济改革中出现的错误和失衡而派生出来的。

关于影子经济在社会主义国家经济中起什么样的作用，究竟能否起作

---

① "Приватизация като постоянна революция", *Български бизнес* , 1996, №25.

用的问题,在80年代的学术著作中曾经进行过激烈的讨论①。分析表明,在某种情况下,轻度的计划失灵却保证了超集权经济的正常运转。另一种情况下,不受监控的经济有负面作用,它使经济部门的活动更加困难,并导致资源和生产的浪费。

因此,一些经济学者认为,大规模的影子经济是中东欧国家战胜经济危机的主要障碍。另一些人认为,它是非正式经济结构中唯一健康的经济力量,它促使发展具有动态特点,使国家的经济发展转向自然状态。

而另一些人将影子经济的研究同经济运行体制再生过程的分析联系起来。因此从逻辑上推断,市场改革运动将会导致影子经济范围的缩小,它的发展进程成了正在进行的社会经济改革效率的重要指标。然而这些希望并没有变成现实,事实上影子经济的规模在到处增长。

在这种情况下,影子经济在转轨过程中发生了根本性的改变。如果在传统的计划经济体制中,我们首先把影子经济活动理解为地下生产的话,也就是非法进行的商品生产和服务,在国家报表中得不到反映,但却保证了组织者得到社会无法监控的收入。那么在市场经济形成的条件下,类似影子经济的解释是十分狭隘的。

影子经济的交易覆盖了社会生产的所有环节,也就是生产、分配、交换、消费,等等。

在这种情况下,资金的运动、地下资金的流通成了地下交易的关键点和物质载体。

我们把中东欧国家推行的私有化过程中金融资产的私有化划分为三个方面:

——国家预算资金和预算外基金的私有化。

——商业银行和其他金融机构金融信贷资产的私有化。

——对免税免费和其他指定费用的收入进行的私有化。

我们使用的金融资产私有化概念证明,用我们所采纳的私有化广义解释是合理的,即私有化不仅指把国家财产转移到私人手里,还包括为私人资本家的形成创造条件的过程(这样的私有化在东欧有两个目的——形成新的私有者阶级并积累原始资本)。

---

① 参见 Процитированные работы Г. Гроссмана, В. Тремля, Т. Корягиной, Г. Марса и Й. Альтмана。

由于在大多数被列举的框架范围内进行的交易都是地下的，很难观察的，对中东欧国家进行比较分析是不可行的，我们试图利用俄罗斯文献描绘金融资产私有化的基本概况，并指出，不能认为俄罗斯的情况是典型的。

由于一系列原因，俄罗斯的金融体系和大多数中东欧国家相比，很大程度上是不可调控的，比其他社会主义国家的银行和其他金融机构在私有化领域中获得了更多的自由。

俄罗斯的财产与金融资产重新分配的规模与中东欧国家发生的规模无法相比。正是由于一系列原因（这些原因并不是我们的研究对象），使金融领域在 20 世纪 90 年代成了俄罗斯获得超额利润的重要来源。

很明显，最能代表俄罗斯行为特点的模式是一种极端的发展方案，但不是唯一的。保加利亚学者的论述指出，"国有产权是沿着这样的路径转轨的，由国有商业银行向私人机构和混合机构提供无担保贷款，然后变成不返还的贷款，甚至通过建立金融控股公司、半国有银行或空心金融机构，这些都促使平行的外汇信贷市场和资本市场的形成"[1]。阿尔巴尼亚和克罗地亚经济学家的著作中涉及了金融资产私有化问题[2]。罗马尼亚专家指出，这方面的私有化是由于做假金融银行报表完成的，在商业银行下面成立一个影子公司，然后将资金转移到公司里，直接侵吞贷款是常见的情况[3]。金融金字塔在中东欧很多国家都很闻名，特别是罗马尼亚、阿尔巴尼亚和保加利亚。

最后强调，作者只是想展示一系列普遍的方式，而不是那些在金融资产私有化过程中未被充分利用的方法和技术。

1. 预算与私人资本

1997 年 4 月，俄联邦总统在会见联邦议会时公平地指出，掌握国家预算资金成了非法致富和经济犯罪盛行的主要来源[4]。

---

① "Повторно раждане на капитализма в България", *Демокрация* . 1 – 3 окт. 1994.

② Mučo M. , *The importance of informal Financial Sector in Albanian* 1996 – 1997, Zagreb: Institute of Finances, 1998; Čučkovič N. , *Privatization and Unofficial Economy in Croatia*, Papers presented at the International Workshop The Importance of Unofficial Economy in Economic Transition, Zagreb: 16 – 17 May 1997.

③ *Adevárul economic*, Bucureşti, 1997, №50, pp. 18 – 19.

④ "Брать взятки станет страшно", *Известия* , 11 апреля 1997.

现在我们来分析一下给参与人带来巨大利润的最普遍的方法:

(1) 金融信贷机构取得垄断地位 (包括联邦级别的,也包括地区级别的),由它来授予使用预算项目支出资金的权力。

上述资金进入了银行的收支平衡表,与其他资金融合在一起,并被当作免费的金融资产,用于开展信贷业务和其他商业用途,此外,银行还因提供预算资金的服务得到了手续费。

在商业银行和负责分配国家预算资金的机构之间存在特殊关系的情况下,发生了大量的案例,证明商业银行并不能有效地利用从国家预算中得到的资金。

90 年代俄罗斯银行之间展开了残酷的争夺国家预算资金的战争,这种方法被作为衡量商业业绩的主要标准。战争的出路更多地依赖于银行和国家官员建立的腐败关系的效率,争取获得一定的地位和资源属于这些官员的职权范围。

(2) 完成国家采购任务,包括供应机关预算和军队预算的粮食、制服和建筑材料等,并且是在机构委托完成上述任务的被授权者实际抬高开支款项的情况下完成的。这样,根据公布的数据,推行争取国家采购的竞争制度使 1997 年军队粮食开支下降了 25%。

将国家资金弄到自己腰包的方法非常普遍——将其纳入投资项目,这里最重要的是——组建合乎技术要求的公关公司:要让社会充分意识到项目的重要性。在俄罗斯有不少这样的项目,比如莫斯科外围环线的建设、克里姆林宫的维修、莫斯科到彼得堡的公路修建等。

(3) 制订和实施各种金融计划,这种现象总是跟国家预算领域的金融资产不足有关,不管是真实的还是虚假的。

在经济中普遍不支付的情况下,财政部从 1994 年起不时地找到各种注销国家和预算获得者之间债务的办法。

这些办法有时是财政免税,有时是有预算担保的银行信贷,有时是期票贷款,有时采用利夫什兹①的结算办法,有时是反向结算。

盗窃国家资产规模最大的形式应属期票贷款,它的本质很容易用生活中的例子解释。1996 年财政部应该划拨给国防部 7 万亿卢布,但是根据

———————————

① 译者注,利夫什兹指的是俄罗斯当时的财政部长兼政府副总理,他提出了一种解决中央预算与地方政府之间债务的办法。

声明书里的规定，资金不在国家手里。政府被建议在国库没有资金的时候向具体银行申请有预算担保的贷款。银行因服务应获得利息，因此国防部的实际拨款减少了为贷款支付的利息大小的数额（具体数额为 2000 亿卢布或 4000 万美元），然而银行并没有给国防部实际的货币，而是开具半年后偿清的银行自己的期票，但是军队不能等半年后用钱，于是国防部的领导就决定提前将票据贴现，结果 1996 年拨给军队的 7 万亿卢布最后只得到了 2.3 万亿卢布，其他钱款给了没有投入一戈比的银行①。

关于利用银行贷款的可能性（不是指期票）曾经制定了专门的总统令，其中的确制定了关于使用这种方法的可行性的说明意见，指出只有在极端特殊的情况下才能使用，必须检查银行信贷平衡表，等等。

可是政府经常忘记检查银行现金持有的现实性和转账给预算接受方的实际情况，在同预算资金有关的业务中，经常有没有信贷能力的银行参与，他们开出呆滞的票据来代替实际的资金。因此，根据现有的评估，仅仅在 1996—1997 年间俄罗斯公民就损失了大约 35 万亿卢布或 60 亿美元。有 36 个银行家参与了这些钱款的瓜分②。

反向结算的前提是中央预算对地方有债务，这些债务是由于地方实施社会规划（如工厂冬季能源计划）而产生的。按照 1997 年的价格就是财政部为此划拨的 37 万亿卢布。

880 号关于按特殊方式进行结算的总统令标明，上述被使用的方法对于将国有资产转移到燃料动力综合体寡头和被授权银行账户，以及为了得到回扣而专门成立的公司来说是非常有效的。

在这一过程中，一些地区对国家预算使用了伪造的文件和有水分的负债数额，被委托检查地区债务实际境况的联邦国库管理局回避了这一行为。对有关审核文件（这些文件使梅纳捷普银行和十个地区发生了两万多亿卢布的效易数额）的分析证明，它们很明显标注的是过去的日期③。

实行反向结算的典型例子是在封闭行政区划斯涅任斯克城市发生的事情。1997 年的秋天，当地商人从财政部带来一堆文件，由此而知，斯涅任斯克政府向莫斯科的"俄罗斯商人传统"公司借了 670 亿卢布（或

---

① Чернова И.，Осипов А.，"Это сладкое место – Минфин"，*Агентство Федеральных расследований FreeLance Bureau*，15 мая 2000г.（http：//www.flb.ru/kremlin.html）

② Там же.

③ Там же.

1300 万美元）用来供应建筑材料。

财政部向斯涅任斯克市提供这笔拨款的条件是用来清偿和公司形成的债务，银行预先特别说明，应该通过它履行手续。

实际上斯涅任斯克市与莫斯科的商人们从来没有过什么债务关系，然而当地政府做了假。人工伪造的文件转交到财政部后，1997 年 12 月 24日，从财政部对封闭行政地区的账户上向委托银行划拨了 670 亿卢布用于"联邦计划"。然而就在同一天，这些数目被作为偿还贷款债务利用"莫斯科商人传统"公司转到了天然气开放式股份公司的账上。

市财政中取代 670 亿卢布预算的是莫斯科汽车银行流动性差的票据，这家银行拥有"莫斯科商人传统"公司的账户。

仍然是这个商人中介承担了处理这些票据的业务。因此只过了一年，斯涅任斯克市从财政部得到了付给它的预算资金，但不是财政部批给它的1300 万美元，而只有 3000 万卢布，或者 150 万美元[①]。

财政部按照类似反向结算的模式与几十个俄罗斯地区和一些机关进行了冲销。据俄联邦总检察院的统计，财政部总共签署了价值 67 万亿卢布的关于反向结算的协议，还有 18 万亿卢布是在总统禁止进行类似结算之后签署的。根据审计署和总检察院统计，70% 进行的类似结算是假的[②]。

分析表明，分配和再分配国家预算资金的途径为经济主体提供的经济利益比现代俄罗斯任何经济活动要大得多。为此，经济活动的参与者开始花费金钱和精力致力于影响分配过程，投入资金与那些国家官员建立特殊关系，作出决定企业命运的决策正属于这些官员的职权范围。这些决定首先与国家预算资金的分配、提供税收和其他优惠、保证经营条件以确保商业机构获得超额利润有关。

由于企业代表和政府机构确立的直接关系，使进行大量的幕后预算资金交易成为可能。俄罗斯寡头之一阿文在一次采访中所说的话并非偶然："政治只不过是有利的资本分配。每向自己的政治投入一卢布就会收回百分之百的利润。"[③]

在这种条件下，俄罗斯商业机构非常积极地向 1996 年总统集团投资

①　Чернова И., Осипов А., "Это сладкое место – Минфин", *Агентство Федеральных расследований FreeLance Bureau*, 15 мая 2000г. （http://www.flb.ru/kremlin.html）

②　Там же.

③　Рабочая трибуна, 2 августа 1995.

是必然的。作为加入集团的交换,他们被承诺解决所有问题。资金来源全部是国家预算资金或者偶尔是国家最大最富有的天然气工业总公司。在具体的支持措施中,免除的税收换成了不足值的本票——涉外银行发行的4—5 年或6—7 年期的债券。这样,阿布拉莫维奇的西伯利亚石油公司在预备选举集团范围内获得了换取涉外银行债券的机会,当时在市场上1 美元债券的利率为28%—30%。财政部提供的税收优惠按票面价格计算,因此,西伯利亚石油公司付给税务局的每1 美元中,就可以得到70 美分的收入,其中35 美分应分给总统集团,剩余收入在财政部的领导、公司和银行担保人之间瓜分。

积极参与这样的交易,为首都银行行长斯莫林斯基提供了发表声明的理由和依据:首都银行赢得了大选。类似交易自然造成了巨大的预算窟窿,但是参加者很清楚,选举将会把一切一笔勾销。

因此,现代俄罗斯商业机构有效活动和形成巨额资本的重要条件,是企业代表捍卫保证他们获得租金的立场,这是由正在形成的经济关系制度和非正式关系(即寻租)的特殊状况决定的。在改革初期,也就是俄罗斯私人资本基本形成时期,最普遍的人为形成的租金曾经是这样获得的:通过直接转账或者给特别亲近的经济主体优惠贷款的方式从预算中提供优惠;还有规定进出口贸易配额并授予许可证,以及经济主体在国家管理体系中拥有一定的地位;等等。

寻获租金可以看成是部分预算资金和预算外资金私有化的过程。我们只举几个例子。

1992 年俄罗斯工业企业贷款补贴的价值达到了生产总值的30%[①],当时俄罗斯1992 年年通货膨胀水平达到2500%,这些贷款是按10%—25%的利率提供的,这些贷款通过10—12 家受委托的商业银行才能转到企业手里。对于商业银行来说,周转这些钱成了他们致富的主要源泉。贷款运动的最后一个阶段是企业用来支付工资和其他,货币资金又被企业领导"私有化",企业领导以低于市场的利率把资金存在同他有特殊关系的商业银行里,在特定时间里,由于运转资金获得的利差在银行领导和企业之间瓜分。

---

① Ослунд А. ,"Новых русских обогатили три основных источника", *Известия* , 20 июня 1996.

　　另一个预算资金私有化的机制是提供进口补贴。由于对 1991 年冬天饥饿的普遍恐惧，政府为进口供应划拨了大量补贴，进口商在向政府购买外汇进口粮食的时候，一共支付了现行汇率的 1%。而政府是利用西方商品贷款划拨这些补贴。然而这些进口商品在俄罗斯是按照市场价格出售的，这笔补贴只有少数莫斯科商人受益，1992 年进口总额占国内生产总值的 15%①。

　　应当承认，没有一个中东欧国家预算资金的私有化采取了俄罗斯那样的规模。而且，正如分析所示，冻结这一过程曾经不是那么困难。例如，由于 1993 年建立了国库管理局，使预算资金和商业机构的金融资产受到了限制，罗马尼亚避免了预算资金的大规模私有化，三大拥有国家资本的国有银行作为第一阶段财政部委托的银行，这些银行启动了专门的国家账户（预算账户，预算外资金账户，国内国外债务服务），稍后这一职能由罗马尼亚国家银行和储蓄银行承担。余下预算业务方面的自由资金被允许短期存入商业银行，目的是使经济主体失去大规模周转国家金融资产的机会②。

　　2. 金融信贷领域的资金成为私人资本形成的来源

　　在经济改革转型时期，俄罗斯的金融信贷机关成了最赚钱的部门之一。他们所获得的超额利润不仅为针对金融信贷机关的犯罪奠定了基础，也为工作人员做出违法行为奠定了基础。大多数金融信贷领域的交易都带有幕后和犯罪的特点。

　　向市场关系过渡一般以此起彼伏的通货膨胀为特点，在这种条件下，各种各样的金融机构对大量的居民资金进行投机成为可能。这些机构的活动在立法真空和国家监管不力的条件下开展了起来。为了成立这类机构，必须拥有个人证件、两到三个愿意组织企业的人和起码的环境。基金会借口有利的安排、投资各种项目、进行信托及与此类似的业务、发放股票和其他有价证券等，并承诺支付不切实际的红利和股息，来吸引自然人和法人的资金。

　　正如实践证明的那样，很多公司、银行和基金会筹集资金，但却没有

---

① Ослунд А.，"Новых русских обогатили три основных источника"，*Известия*，20 июня 1996.

② *Adevărul economic.* Bucureşti：1997，№50，pp. 18 – 19.

完成对储蓄者的义务就消失了。仅仅在 1994 年就有 300 万俄罗斯公民提出了要求商业机构返还资金的申请,总额达 20 万亿卢布①。例如,ЛЛД银行给储蓄者带来了 300 亿卢布的损失,"阿尔泰山"银行和"查拉"银行分别是 600 亿和 1300 亿卢布。"西藏"康采恩 4850 亿卢布,"洛尼卡"公司 600 亿卢布。还有更多的损失与股份公司"弗拉斯基利纳"和"MMM"② 有关。根据联邦证券委员会的数据,大约有 1000 家金融公司没有工作许可证,从居民手中筹集了大约 50 万亿卢布,欺骗了 4000 万储蓄者③。

通过上百家金融公司的欺骗行为筹集资金的循环周转过程是在不同层次的金融机构中进行的④。第一层次是私人存款人和小骗子公司层次,只有几十或几百人成了不幸的牺牲品。这一层次资金运行的特点是,投资到金融公司,这一层次的资金数额从几十万到几千万卢布或几千美元。

第二层次是主要层次,有几百家金融公司参与。像后来接受审查的那些公司,如"阿尔达伊尔"、"巴尔特"、"科万特"、"罗撒"、"特兰斯卡比达尔"、"兑换投资"公司、"阿尔特"金融公司、"布列伊科"设计公司,等等。这些公司的受害者已经达到上千人,他们的收入共计几千万卢布和几百万美金⑤。这是相互影响的结构层次。正是在这个层次上,一些公司平行运转和另一些公司相继开关被人们注意,可以说是这些骗子公司的同步性和接力性行为。这一层次横向水平的资金流动非常引人注意,利用已经关闭的公司的资金使新成立的公司快速运转。

第二个结构层次的公司承诺将筹集的资金投资到高回报的生产领域,很多公司确实进行了投资,但不是生产和贸易领域,而是一些超级公司。

第三个结构层次是像"西藏"、"MMM"、"洛尼卡"等超级公司级的层次,他们的收入已经超过了几万亿改值前的卢布,接近几十亿美元。这类公司最明显的代表是"弗拉斯基利纳"公司,它被宣布对储户负债高

---

① *Преступность и реформы в России* , Москва: 1998.

② Нестеров А. В. , "Организованнач преступность в инвестиционной сфере", *Коррупция в России: состояние и проблемы* . Москва: 1996, Т. 2, С. 12.

③ Там же.

④ Овчинский А. С. , Борзунов К. К. , Щерба В. В. , *Структурные уровни организованной преступной деятельности в сфере финансов: Проблемы борьбы с организованной преступностью* Москва. , 1996, С. 24 - 30.

⑤ Там же.

达四万亿票面改值前的卢布。这一层次是集中的层次,在集中的基础上资金按照横向水平运转,并达到高度的集中。

对一些骗子公司活动的交易信息和国外执法机构(特别是联邦调查局[①])代表与华约组织工作人员交换信息而得到的消息和事实进行系统的结构性分析后,我们得出了关于筹集资金命运的确切说法。

根据这一说法,大量主要的金融资产没有投入到发展生产,而是用于支付石油天然气金刚石开采,并运销到国外。特别引人注意的是,在"弗拉斯基利纳"公司活动的高潮期,大量现金被大型集团(混合的)用卡卢斯牌汽车从莫斯科郊外的波多里斯克运往多莫杰多沃机场,三天之后用于支付秋明石油和天然气工作者的工资。与此同时,根据美国联邦调查局的数据,美国银行在90年代最初五年内流入了大约2000亿美元,都是用俄罗斯的石油和天然气进行的非法交易而获得的[②]。

第四个结构层次是筹的资金用于犯罪性质的循环和周转,首先投资到国家资源的非法贸易中,投资到经济中最有前景的资源开采领域的私有化中。

进一步发展的说法表明,"奥布瓦尔"和"弗拉斯基利纳"公司已经受国家石油产品销售市场争夺战的制约。而且这些事件可能与车臣共和国的战争开端有关系(1994年11月和12月),车臣不可避免地要影响石油量的分配,继而是石油垄断的影响范围。在这一结构层次上,车臣发生了犯罪性的资金周转。很多像"ACT"和"第一金融建筑公司"那样的莫斯科公司筹集的大量资金流入了车臣。

第四金融诈骗层次周转的资金总额共计几百亿美元,可以同俄罗斯国家预算规模相比。

第五个结构层次是跨国金融集团和国际犯罪辛迪加组织这一活动层次。

这样,俄罗斯金融信贷机构在转轨初期集中了大量的资金,这些资金部分是通过对国家预算非法私有化所得,部分是通过欺骗的手段从居民个人储蓄中积聚来的。其中大部分成了私人资本形成的基础。

---

① Овчинский А. С., Борзунов К. К., Щерба В. В., *Структурные уровни организованной преступной деятельности в сфере финансов: Проблемы борьбы с организованной преступностью* Москва., 1996, С. 24 – 30.

② Там же.

在金融资产私有化的主要方法中，包括：

——利用伪造的银行文件：贷款通知单、财务支票、记录发票、票据、存款证明，等等。

——直接不归还贷款。

——把资金误发到其他机构的账户上随后兑现。

——把资金从一个银行到另一个银行多次转账，从非现金循环领域到现金领域，或者从一个科目转到另一个能够控制一个阶段的科目上（这种业务更多使用银行的计算机网络）。

——广泛利用伪造的银行担保。

——各式各样的偷税漏税企业。

被发现的通过伪造通知单侵吞资产的案件数量仅 1994 年就达到了750 起，损失数目大约为一万亿卢布。1992—1995 年调查了 1054 起关于利用 5000 多件虚假通知单和伪造文件侵吞 5980 亿卢布的刑事案件[①]。尽管俄罗斯中央银行多次重申，将毫无保留地战胜虚假通知单，还是出现了越来越新的利用这些金融工具进行的诈骗形式。

缺乏明确的信贷和破产立法导致了呆账坏账，利息都无法返还，数额达到几千亿卢布。根据有关数据，三分之一的贷款被有侵吞目的地贷出[②]。

存在很多简单且有效的金融信贷机构向私人转移资金的方式，例如，银行领导可以在离岸地区开设公司，作为银行的载体或代表，银行向公司提供贷款，为此公司应向银行提供 10% 的年利率。公司得到贷款后，再把贷款提供给银行的时候，年利率已经是 20% 了。在贷款数额为十万亿美元的情况下，一年后，公司已形成了一亿美元的收入，既然公司是银行的私人产权，那么凭空得来的一亿美元自然就落到了银行领导在国外的私人账户上。

其他方法只是在细节上有所区别。例如，公司可以用从银行借来的贷款用纯粹象征性的价格在银行购买高回报率的有价证券（什么证券，出售给谁，按什么价格，这是银行内部的事情）。然后银行好像是按照对外

---

① Нестеров А. В. , "Организованная преступность в инвестиционной сфере", *Коррупция в России: состояние и проблемы* . Москва: 1996, Т. 2, С. 19.

② Там же.

投资者的任务在市场上出售这些股份，但是已经按照现实的价格，比原来高出两倍到三倍。价差又到了公司手里，也就是到了银行家的手里。

或者银行成立的国外公司从银行借了贷款并用得到的资金购买俄罗斯的大型企业，如石油企业、核心报纸或电视频道。一切按照文件进行，公司购买者是国外的，和银行一点关系都没有，而且在收购的时候甚至将来，公司所获得的产权与银行也没有任何关系，一旦银行倒闭，这些财产就成了破产的银行家的私人财产。一些人正是带着这样的打算在私有化时期进行了大量的收购。

商业银行向私人资本转移资金的过程在1998年夏天俄罗斯爆发的金融危机阶段加快了速度，所有银行都使用的一个资金出逃的办法是过期票据业务。在这种使用方法范围内，任何个人都可以通过支付票面价值的10%—20%购买银行的过期票据，然后根据民法通过银行内部自己人的帮助支付一定的费用要求清偿票据。在所有票据都被购买的情况下，或者他们的价格非常高，仍有可能购买挂在银行账上的资金，最后的支付委托书将资金从银行的一个账上转到另一个账上。这样的记账在死银行都能完成。根据现有的估算，1998年夏季几个月里，仅从俄罗斯的一家银行——"银科姆"银行里就被转出15亿美元的资产[①]。

私有化方法的清单还可以继续列举。

上述考察的过程使企业失去了周转的资金，也使居民失去了个人积蓄，并成为一小群人资本原始积累的基础。由于俄罗斯国家对金融信贷机构的监控较其他后社会主义国家要弱的缘故，这是可能发生的。加快推行卢布在俄罗斯境内可自由兑换起到了消极作用，对外汇出口交易和在国外购买不动产交易的调控制度比中东欧国家更大的自由化同样也起了消极作用。

3. 逃避国库财税义务作为金融资产私有化的特殊形式

谈到这一点，必须作一些补充说明，俄罗斯像其他大多数后社会主义国家转型初期一样，不缴税本身有一系列客观的至少可以解释的原因。中东欧国家的税收水平无论是总的来说，还是相对于企业在形成初期或者转型时期以及重组时期的能力来说都是很高的，在俄罗斯，遏制经济的拖欠付款对不缴纳税收的四处普及起到了消极的作用。

---

① "Как умирал Инкомбанк: Свидетельства очевидцев", Деньги , 1998, No. 42, C. 11.

俄罗斯在 20 世纪 90 年代运行的税收体系基础上，对 1992 年制定的法规进行过不止一次的修改和补充，最终使商人和机构的游戏规则弄得十分混乱。不断变化成了刻不容缓地花光国家财产的理由，而不是考虑长期政策。有几十种联邦的、地区的地方税收是企业必须缴纳的，据此累计扣除超过了利润的 100%。在这种情况下，规则可能不需要预先通知，按照当地的任意的政策发生改变，每年税收发生七八次改变，好几次改变利润率与核算规则，新的税种刚出现又消失了。这种混乱还加重了权力机关决策的不一致性。

在上述情况下，应该指出，而且不得不承认，对于很多经济主体而言，逃税成了将国家潜在收入私有化的主要手段。

1997 年初，1400 家企业每家应上缴国家 30 亿卢布，73 家企业拥有私人债务 1000 多亿卢布（全部债务的 40% 属于对国家预算的债务）；在 89 个联邦主体中，只有六个地区完成了税收义务。最大的税赋欠缴者是像"诺里尔斯克尼克利"这样的巨头股份公司（6660 亿卢布）、股份公司"格尔特彼得罗列乌姆"（5642 亿卢布）、股份公司"乌拉尔哈斯"（1350 亿卢布），等等。仅在 1996 年一年间，就出现了 2100 家未在税收检查机构登记、没有缴纳税赋的公司[①]。

逃税的规模相当巨大。根据俄罗斯政府经济改革工作中心的数据，一共占 1.5% 被询问的不同所有制形式的企业领导按照规定的制度登记了业务并缴纳了所有税收。三分之一（33.1%）被询问的人认为，有 25% 的交易是在幕后进行的，28.9% 的人说出大约有 50% 的交易是隐瞒了税收的，每五个应答者中就有一个确信，至少有 50%—100% 的收入是隐瞒税收的[②]。

在避税的同时，国内相应的国家机构向自己亲信的商业机构提供非法税收优惠的现象得到了广泛的普及，这些商业机构常常在非常有利的名称下运转。这种优惠的数额在 1993 年到 1994 年上半年间超过了货币私有化最初我们所预想的规模[③]。

过渡经济国家形成了很多逃税的机制，例如，如果工作时部分或全部

---

① *Труд* , 18 декабря 1996.

② Грачева Е. Ю. , "Методы предотвращения налоговых правонарушений", *Коррупция в России：состояние и проблемы* . Т. 2, С. 3.

③ Росс Дж. , "Цена шоковой терапии", *Независимая газета* , 10 - ноября 1994.

工作日没有注册，那么可以避免类似的税收。宣布最小数额的工资，其他工资以信封的形式得到，或者通过社会或其他享有税收优惠待遇机构的财会处。

逃避和不履行缴纳利润税义务可以通过抬高生产物质费用和伪造运输亏损和发货账单的办法做到。

逃避销售税可以借助现金交易来实现，还有易货贸易，伪造核算文件等。消费税也可以通过压低进口数额和歪曲账户清单、进行商品走私等办法避免。

有形形色色的幕后涉外交易可以使商业机构逃避税收，将资本输出到俄罗斯境外。境内外汇资金外逃、进出口贸易的参与者逃避税收的基本途径是：

——以各种各样的特殊情况为借口，不返还出口所得的外汇进款。通常是通过把供应产品而得的外汇记入外国有严格保密制度的银行专门账户上（正常的和隐蔽的）来完成，在没有商品出口许可证的情况下，故意进行非法出口贸易时通常也使用这种类似的业务。

——虚假商品供应合同账户上毫无根据的预付款项，以及虚假进口服务的支付费用（信息费、营销费、咨询费和后续费用等其他费用）。

——在进行非外汇的易货贸易中，在价格上进行操作（易货贸易、非现金结算、补偿等形式），随后将这些节省下来的外汇资金留在国外。

——预先压低出口业务中的合同价格，并抬高进口合同中的价格。在出口稀有地下金属和价格较高的原材料时，要求专家关于产品质量的鉴定和结论，通行的做法是压低出口产品和原材料的价格，随后再由收到货物的购买商补付价差，并转到销售方在国外的账户上。

——把保险押金转到国外银行，表面上的意图是要获得贷款，随后实际上拒绝信贷。

——为出口部分逃税的利润成立离岸公司（四五家在其他国家注册的公司，实际上允许部分或完全免税）。

——获得国外金融援助时滥用分配数额，三分之一沉淀在国外。

根据现有的估计，20世纪90年代90%进口到俄罗斯的商品，或者是根据压低商品数量的文件通过的，或者是根据降低产品质量的文件通过的。例如，质量好的商品打着碎瓷砖和松紧带的幌子进口到俄罗斯（有几千万美元），珍贵的丝绸在纸上写明是合成技术的，六台计算机只把一个放在文件里（据说供应成套设备的条件是那样规定的），按零件放在六个盒子里，海关慈善地按商品实际价值的 50% 评估。

根据俄罗斯法律，从国内出口原材料课以重税，对于国际标准的成品，国家有义务全额退还出口商在国内生产各环节征收的增值税。这种情况下，业主对原材料的处理很简单，例如：在铝片原材料的边缘钻四个窟窿，很容易以可拆卸仪器舱板的名义变成成品；我们也可以把原油（含有水）说成是不带关税的水油混合物的名称。著名的故事是，改革初期从国内出口了大量的含钛的铁锹，出了国境线后再脱掉把柄，原材料商品以完好的形式提供给了客户。至于增值税，其返还的复杂性促使企业家制定了一整套相应的机制，出口企业和商业伙伴联合控股，生意伙伴应该向国家缴纳国内市场产品的增值税，内部控股的互相核算使国家免除了向出口商支付的义务，但是却失去了这个出口商合作伙伴的进款。而且，这些利润总额的 10% 被作为一些成本花掉了：不得不包括那些组织者在内的所有人。

发展含钛铁锹这种创造性的方法成了虚假的出口。为了不支付国内增值税，企业家们出口不切实际的东西：他们用普通的录像带录制关于莫斯科地铁有趣生活的纪录片电影，然后据说以几十万美元价格卖给好奇心强的外国人。

国家金融资产的私有化成了地下资金流通的重要组成部分，它的来源是：

——1992—1993 年盗窃的约 4 万亿未改值的卢布，利用脆弱得不堪一击的银行间核算保护体系进入了流通。

——以各种合同、合约为借口的银行资金被分别盗走（这种现象的规模间接说明了银行在年初放出的债务，1994 年 3.6 万亿卢布，1995 年 26 万亿，1996 年 44 万亿）[1]。

——被各种金融信托公司控制的资金，根据各种不同的评估，从 20 万亿到 50 万亿不等。

——为返还的外汇，即俄罗斯出口商没有收上来的退税部分（据内务部估计，仅在 1995 年出口商没有收上来的外汇就有 52 亿美元）。

---

① Туманов Е. Б.，" Борьба с коррупцией во внешнеэкономической деятельности"，*Коррупция в России: состояние и проблемы*，Т. 2，С. 35 – 36.

——无目的地使用国家信贷资金，这些资金本可以给信贷分配者带来几十亿利润。

——违反税收和海关法律①。

上述各种形式的金融资产私有化，作为很多金融机构形成巨额财产和资本的基础，在货币私有化时期，这些资金起到了相当大的作用，利用这些资金收购了战略性的企业，金融和工业资本的融合成了大型金融工业集团形成的基础，这些金融工业集团不仅在俄罗斯经济社会中有着重大影响，而且对俄罗斯的政治生活也起着巨大作用。

（三）　自下而上的私有化或在私人基础上私有部门的发展

在中东欧国家中，私有化的重要组成部分是新私人企业的创立和原私有经济的发展和壮大。根据许多学者的观点②，私有化的这部分成就可以评判市场经济的成熟度，评价它在多大程度上能保证动员能量和企业家的社会能力，并在宏观水平上影响正在发生的深刻变化。

所有中东欧国家在改革初期曾以出台鼓励自由创新的法律而著名，保加利亚曾采取了限制私人经济成分活动的措施，包括规定雇佣劳动力的限额，扩大他们涉外经济活动的权利。罗马尼亚 1991 年 2 月 6 日发布的政府法令奠定了发展私人企业和雇佣人数为 10—20 人经济团体的基础，他们获得了收购、租赁国家和集体企业生产资料的权利。原捷克斯洛伐克 1992 年 1 月 1 日颁布的《中小企业法》开始生效，还有《国家援助中小企业法》，类似的法律在匈牙利和波兰早在 80 年代就已经实施了。

自下而上的私有化通常是在国家已有的私人资本的基础上发生的③，它的规模正像上面我们所说的那样，在转轨初期时少得可怜。为此，在私人基础上建立私人企业的问题就转变为小企业发展的问题。

---

① Туманов Е. Б., " Борьба с коррупцией во внешнеэкономической деятельности", *Коррупция в России: состояние и проблемы*，Т. 2，С. 36.

② Dallago B.，*Final Report on measurement of the Private Sector's Contribution*. Wash. : The World Bank International Economics, Department Socio – Economic Data Division, 1992; Welfens P. *Market – oriented Systemic Transformations in Eastern Europe: Problems, Theoretical Issues and Policy Options*. Berlin – Heidelberg: Springer – Verlag: 1992, p. 106.

③ 譬如在罗马尼亚私营业主中，有 95% 是在个人创新的基础上创立自己公司的，只有 5% 的私营业主是在国有企业和集体企业私有化的基础上创立公司的。（详见*Развитие малого препринимательства в странах Центральной и Восточной Европы*. Москва: ИМЭПИ，2005。）

谈到中东欧改革的成就,常常以私人小企业数量的急剧增长为前提。的确,数量指标给人印象深刻。那么根据欧盟统计局的数据,1996 年波兰有 100 多万家私人小企业在运营,匈牙利 65 万,捷克 70 多万家[①]。罗马尼亚 1997 年初有 57.6 万小企业,吸纳了 150 万人的就业,占国内劳动人口的 16%[②]。在 1991—1996 年间,上述国家的中小企业数量增长了 5—6 倍,俄罗斯 1991—1994 年间,私人小型经营主体的数量由 25 万增加到 90 万[③]。然而最近些年大多数国家的中小企业发展态势出现了稳定,匈牙利开始变缓[④],这一方面与小型企业粗放型发展资源枯竭有关,另一方面与国家选择的小企业发展模式有关。

1997 年罗马尼亚几乎 80% 的中小企业缩减了业务规模,约有 20 多万经营主体破产,失业大军达到 20 万人[⑤],都是过去小企业的劳动者。小企业利润下降和亏损的因素是:高水平的税负(税率高到利润的 60%—65%),几乎一半的经营机构周转资金不足,90% 的公司没有机会获得贷款,因为成本太高,缺乏抵押能力。

波兰在 1994 年出现了第一个中小私人企业发展规模的警戒点,1990 年属于自然人产权的私人企业数量增长到 39.6%,1991 年 25.1%,1992 年只有 14.8%,1993 年 9.4%,1994 年 5.4%[⑥]。而且在私人部门占统治地位和竞争性强的经济领域(贸易运输和建筑),1994 年突出的特点是,比靠出口拉动的(主要是国有企业)工业增长还少,很明显,私人企业在前一阶段快速发展的主要原因是较低的资本含量,很容易启动业务,也容易从这一领域进入另一领域。改革初期存在很多市场利基,出现很多以不等价的方式从国有部门向私人部门转移资源的机会(非正式的私有化)。

从市场转轨之初十多年以来,中小企业对总的经营条件、商业环境的质量、宏观经济状况提高了灵敏度。与此同时,在市场制度总体不发达的

---

① "Enterprises in Central and Eastern Europe", *Eurostat*, 1996.

② Romania libera, 3 Dec. 1997; Adevărul. Dec. 19. 1997.

③ *Российский статистический ежегодник*, 1996, Москва: 1996, C. 688.

④ 匈牙利 1995 年总计有 76.15 万家小企业,1996 年为 74.52 万家,1997 年已经只有 65.97 万家。(Statistical Pocket Book, 1997, Budapest, 1997, p. 20.)

⑤ Romania libera. Dec. 3. 1997.

⑥ *Проблемы выхода из кризиса стран Центральной и Восточной Европы(источники экономического роста)*, Москва: 1997, C. 83.

条件下，中东欧国家产生了特别尖锐的企业经营生存问题，企业忍受着官僚主义、犯罪、经济倾斜政策改变给自己带来的压力。

私人部门转型和运行的社会经济条件与高税收和完全严格的金融政策相结合，限制了利润空间，常常把企业一步一步地推向影子经济。根据市场经济研究所的统计，在90年代的波兰，几乎有30%的成人居民与非法就业有关①。社会调查显示，在私人部门中，每五个人中就有一个就业者是非法工作的，几乎有三分之一的工资是非正式发放的。

成长起来的小型企业转向地下，在其他中东欧国家也存在。保加利亚学者指出，自发发展的私人部门是悄悄出现的，不存在明确的规则和金融管制。曾经发生国有企业资产向私人部门的地下流动，其影响范围比官方做出的统计还要大。存在产权的扩散形式，使得合法的私人部门与地下活动紧密地交织在一起②。

正如我们在第一章指出的那样，私人部门在法律边缘发展正是指令性计划经济下的运行特征之一，这种趋势在大多数国家的转型阶段保留了下来，这导致一系列极其消极的现象也保留了下来，特别是部门的不合理结构现象，在小型企业中占绝对优势③。经营主体雇佣人数不到10人的小型企业在90年代中期占中东欧国家所有中小型企业的90%—96%。

小企业的特点是资本化程度低，集团化程度低，商品中介贸易占主流。

在违法的边缘工作导致小企业仍然保持着技术落后的状况，因为越是大部分活动采取非正式形式，为发展获得必要的外部资金就会变得越复杂、代价越高昂。地下经济组成部分阻碍了新私人企业同经济系统其他环节的相互联系。

然而最终的结论是，影子经济仅仅对那些国家是公平的，这些国家机构贪污腐败的程度还没有达到一定规模，从而地下商人的服务比国家机构更加便宜。那么，俄罗斯的实践表明，新的企业家求助于未登记注册的公司或中介办理企业，直到21世纪初出台了针对国家管理非官僚化的法律后，企业主才得以比独立正式情况下所有环节产生的费用降低了大约

---

① *Проблемы выхода из кризиса стран Центральной и Восточной Европы（ источники экономического роста）*，Москва：1997，С. 84.

② Там же.

③ 保加利亚新成立的私人企业中间有83%是个体商贩；匈牙利96%的私营业主是小业主。

20%—30%。正式办理本身价格又高，同时又伴随着国家官员索贿形式的经常性的敲诈勒索。

在企业极小规模的情况下，市场过剩是中东欧国家私人小企业发展的特点。很多后共产主义国家存在非常高的自行就业和自行管理的比例，根据国家的衡量标准，这一比例达到了 20%，几乎超过了经合组织平均指标的两倍（11%），北非和中东的水平是 15%，只差一点点没有达到拉美国家（26%）和亚洲地区（27%）的水平①。

理论上，人均国内生产总值指标说明的国家发展水平与自行就业水平存在相关性。人均收入组为 2000—6000 美元的国家，相应的自行就业水平为 18%，收入水平达到 6000—12000 美元的国家是 13%，超过 12000 美元的国家为 6%，匈牙利 90 年代中期自我就业率达到了 22%，但它却应属于人均收入组倒数第二的国家（500—2000 美元），原社会主义国家自我就业的雪崩式的增长在世界上没有类似的例子。如果采用发达市场经济的标准，那么应该承认，中东欧国家的小规模经营虽然数量大，但企业规模小。

在转型初期，部分私人部门仍然保持着很高比例的劳动人员和退休人员。1993 年匈牙利自行就业数量的增长达到了 8 万人，其中有三分之二是退休人员和不完全就业人员，与此同时，私人部门完全就业的人数在缩减，其比例如此小，以至于回到了 1983 年的水平。

很自然，大多数率先实行兼职的企业是小型企业，500 个私人企业中仅有一家拥有十人以上的雇佣工人，结果，规模比我们预想的要小得多的私人企业，吸纳了多余的劳动力。1993 年当私人企业主数量比 1991 年增加 30 万人的时候，企业雇佣的人数仅仅增加了 10 万。小企业在数量上占优势（雇佣人数不到 10 人）是匈牙利私人企业主集体形式的特点，在 1993 年 1 月到 1994 年 4 月成立的企业中，只有 800 个企业雇佣人数超过 10 人，250 家企业超过了 20 人。以法人身份登记的企业数量的明显增长只是在小型企业范围内存在。而另一组雇佣人数在 11—20 人的企业中增长速度已经不是很快，只是由于原大型企业数量的下降而出现的增长，这

① Gobor R. I. , " Small Enterpreneurship in Hungary – Ailing or Prospering? " *Acta Oeconomica*. Budapest, 1994, №3 – 4, 333 – 346. old.

一组企业数量在 1994 年开始出现了一些缩减①。

鉴于上述事实，个体私营企业向各类公司、有限责任公司转型只是企业规模增长的微弱刺激因素。

中东欧小企业在形成阶段的另一个特点是较低的资本化程度，这与企业经常资金不足有关，包括由于企业很难被允许得到贷款。所有国家小型企业发展的另一个基本源泉是居民的个人储蓄，向亲戚和朋友借款，以及销售商品和提供服务的收入。甚至像匈牙利这样拥有发达信贷体系的国家里，90% 的小企业不允许申请商业贷款，根据现有的估计，90 年代中期在企业使用的贷款规模增长 4 倍的情况下，匈牙利用于小型企业的信贷资金却缩减了 30%，因此绝大多数小型企业从事贸易中介活动并不是偶然的（例如，90 年代 91% 罗马尼亚注册的私营小企业从事贸易活动）②。正像匈牙利小型企业联盟中的一位领导指出的那样，90 年代投资生产领域等于自杀③，这种状况的结果是，多数企业家转向了消费，而不是利润再投资。他们从真正的企业主变成了自己手中资本的消费者。

私人部门的这种发展结果，一方面是由社会主义时期继承下来的企业家思维方式决定的，另一方面是由转型危机过程中特殊的发展条件决定的。以下应该属于主要因素：

——转向消费的家庭定位，他们不想去冒险实行长期投资。

——习惯了在小型私营企业工作特有的不慌不忙的工作节奏。

——与获得的收入数额相比更加看重自由的时间。

——低纳税道德④。

转型危机对企业主产生了重大的影响。

首先，它迫使居民瞬间适应失业的增加和收入的下降。

其次，危机的时候当国家无力保障创造足够的工作岗位，自我就业被宣传为取得生活成就最有效的手段，这是对世界经验的明显的忽视，是对

---

① Gobor R. I., "Small Enterpreneurship in Hungary – Ailing or Prospering?" *Acta Oeconomica*. Budapest, 1994, №3 – 4, 333 – 346. old.

② *Adevárul*, 1997 Dec. 19.

③ "What are Businessmen's Views on the Situation of Small and Medium – Size Enterprises?" *E-merging Markets Publication*, 23 March. 1999.

④ Szabó K., From the Privatization to the Marketization – Schizophrenic Actors in the Transitory Economies. Budapest, 1995.

自我就业作用的明显夸大。按照匈牙利著名经济学家卡波尔的观点：公开加强宣传使越来越多的人参与企业，当他们根据成立企业的数量来评价他们所参与的企业的发展前景时，有意无意地有助于自然机制的发展[1]。

由于转型危机使第二经济和大型企业之间早已形成的效率关系迅速遭到了侵蚀，大型企业由于经济上的困难首先与小集体终止了合同，尽管可以事先预见到这一事件的发展过程和对小企业发展产生的不利影响，中东欧政府并没有试图干预，既没有通过鼓励加强大型企业的一体化，也没有为小企业主提供建立地方部门集体化模式提供帮助。

最后，由于转型危机形成了自身需求非常刚性的劳动力市场，这一方面事先决定了个体业主之间不充分就业的人占主流，另一方面使处于亏损边缘的因素占主导（这种情况指的是劳动者进入小企业时的地位，而不是像教育程度和技能等这样的参数；大家都知道，中东欧国家失业的特点之一是在多余的劳动力中间高学历的人口比例很大）。如果说在市场经济条件下，经济危机的牺牲者通常是不完全就业的人和有外快的人（在劳动力人口扩张的条件下，这种就业可能会同失业的增加一起增加）。那么后社会主义国家则形成了扭转的局面。危机影响下劳动力需求缩减，能够充当企业主的主要来源就是那些被解雇、没有机会再重新被雇用的人，不能不把这种痕迹添加到他们所建立的私营企业特点上。在卡波尔看来，民营企业领域成了一种失业特殊保护区[2]。因此在经济中出现了大量的迫不得已的企业主[3]。

显然，与发达资本主义国家小企业现象[4]同时存在的，还有我们有条件地称作拉美模式的另一种小企业发展模式，它的基本特点是：

——以贸易采购活动为主。

——小生产企业的发展主要是简单商品生产。

——小企业变成了受排挤的部门。

---

① Gobor R. I. , " Small Enterpreneurship in Hungary – Ailing or Prospering? " *Acta Oeconomica*. Budapest, 1994，№3 – 4，333 – 346. old.

② Same as above, p. 42.

③ 关于这一趋势的发展，匈牙利著名社会学家 K. Ca6o 写过相关文章。(Szabó K. From the Privatization to the Marketization – Schizophrenic Actors in the Transitory Economies. Budapest, 1995.)

④ 在发达资本主义国家经济中，小型经营模式主要承担以下任务：促进经济更加活跃地发展，作为科技进步的参与者，减少经济、社会和政治突发事件对大集团的消极影响；填补大企业未能覆盖的市场空白，利用劣势的资源生产商品，提供服务。

——实际上完全落入了非正式经济（经常是犯罪化的），就业的人员主要是存在于法律制度之外又具有自己的社会伦理规范的濒于破产的阶层。

对拉美国家小企业发展的分析表明，我们所指的不是暂时的现象（往往被这样解释，当我们指的是转型国家小企业的形成时），而是持续的自发的现象。

在强调转型国家发展小企业的重要性时，改革者通常绕开或回避存在不同的发展模式问题，忽视对保证这种或那种发展模式的因素和原因的分析。

在90年代上半期的后社会主义国家经济中，中小企业发展的特殊性产生了现实危险，即后社会主义国家的小企业将沿着拉美国家的模式发展。按照发达资本主义国家模式发展的符合文明要求的大众小企业的发展，要求具备技术上的、经济上的和社会上的因素，正是这些因素决定了当时（20世纪70—80年代）西方经济的暴风雨般的大规模发展。其中：

技术因素：

——技术的飞快进步，紧接着出现将技术应用到工业、服务和日常生活领域的无限的新机会。

——快速的技术老化。

——加强技术竞争，未来商业成就取决于现代最新技术的应用。

社会因素：

——大的社会群体生活方式和价值观的改变，特别是年轻人。

——在社会中树立有魅力的、富于变化的、独立的企业家革新者形象，成为大众效仿的对象，利用大众传媒积极宣传这一形象，在多层次多等级的组织中受过教育的高技能劳动力（特别在大公司里这些岗位占有很大的比例）对劳动的社会心理条件的不满足。

——形成有附加服务需求的人口增长过程（例如，随着职业妇女数量的增加，她们失去了从事家务劳动的时间，小餐厅、咖啡馆和小吃部的数量开始急剧增加起来）。

经济原因：

——一方面增加有支付能力的需求的划分，另一方面增加满足这些需求的技术可能性。

——提高小批量生产和个体生产的效率。

——经济结构改革，传统批量（大规模）生产领域的衰落。

——利用各种资金来源形成的风险资本的补充和快速增加。

——国家鼓励竞争的经济政策，以及在一定程度上能够有力地加快科技进步。

经过了8—10年的转型改革之后，很明显，缺乏深思熟虑的国家的有力支持，小企业开展的经济活动有限，市场结构拖延年头过长，并采取了与现代发展阶段不相符的形式。

大多数中东欧国家小企业过渡到有意识的发展战略发生在90年代末，在很大程度上与临近加入欧盟预备国家时欧盟的要求有关，与国家在预备发展阶段出现的资金能力有关（包括来自欧盟基金会的资金）。

只有等这一部门的相关政策发生改变后，才能使小企业发展起来。这种政策的变化要考虑世界经验和本国社会主义建设年代积累的经验，其中包括以下措施：

——部门之间和地区之间小企业的一体化合作。

——降低失业水平，消除劳动力市场的过度限制。

——抑制建立新型小企业的狂热。

——鼓励平衡和垂直的一体化，但不是通过建立新的联合（分层次分等级的）组织（它们在短期看来越有效，越不利于长期发展），而是由于将小型企业纳入同大企业的联系体或者彼此之间的联系体。

实际上所有国家都由于进行了加入欧盟的谈判制定了自己的第一个中小企业部门国家发展战略，而且2002年春天加入欧盟中小企业宪章后，已经进行了完善。在完善国家战略和具体的支持中小企业计划中，已经考虑了这个文件的首要意义。

那么在保加利亚的国家战略中列出了以下优先地位：

——简化行政和制度环境，建立稳定的透明的制度基础。

——改善金融环境。

——支持创新和技术发展。

——中小企业欧洲一体化。

——改善信息和服务途径。

——保障中小企业的地区发展条件。

——鼓励企业主的情绪和技能。

战略肯定了政府制度和非政府组织以及企业联合会在建立中小企业

有利环境中的作用。明确要使国家和地方行政的活动更加透明，以立法的形式巩固特许、批准、注册制度的使用规范，推行"一站式"的行政服务。

2003 年末关于限制行政对企业经营活动的调控法律开始生效，该法律取消了许可制度，代之以多个活动领域创立公司时的登记制度。

战略不可分割的一部分是实现战略的工作计划，其中形成了短期（2002 年）、中期（2003—2004 年）和长期（2005—2006 年）以创新为优先地位的计划。

匈牙利 2000 年制定了国家中期经济发展方案，延续到 2007 年，名称为谢切尼计划，为了纪念 19 世纪匈牙利的改革家。这个计划是经济增长关键方面的具体规划体系，在经济增长的总量上被要求互相加强效率，而且保证实现确立的目标。这个计划包括七个项目，由 55 个基础子项目组成，其中大多数项目直接或间接地涉及中小企业的发展问题。随后这一方案成了国家发展计划的组成部分，在这个框架下连接匈牙利生产者和跨国公司的项目中提出了尽快提高匈牙利间接供货商比例的任务，目前这一比例不超过 10%—20%，小企业被寄予厚望。此外建立了国家间接供货商支持体系，形成了能够使匈牙利生产者和跨国公司建立联系的信息网络，特别是匈牙利发展银行为小企业主们制定的贷款专线，这些小企业同某些大的加工企业有着长期的供货合同，条件是小企业这类活动的收入超过总收入的 50%。

罗马尼亚 2002 年确立的 7 个国家小企业发展计划，成为罗马尼亚 2002—2005 年国家社会经济发展纲要①的组成部分，在纲要的基本任务当中，有提高私营部门的竞争力，吸引他们解决类似建立现代化、信息化、创新式生产结构这样的社会问题，私人企业被赋予了萧条地区经济起飞的特殊作用，在这些地区，休克疗法改革的社会经济后果是十分病态的。

此外还制定了以下小企业发展规划：投资计划，提高企业家能力，鼓励出口，组织信息咨询中心和新成立企业的金融支持中心（这被称作企业孵化器），还有成立小企业贷款担保基金的项目等。然而，上述中期计划常常被议会每年同国家预算法一起制定的子项目打断。

在制定的方案和纲要实施过程中，从国外引进的资金特别是欧盟基

---

① *Tribuna economică*，2002，№20，pp. 16 - 18；№21，pp. 17 - 19.

金会曾经发挥了巨大的作用并继续发挥着作用，罗马尼亚的中小企业援助体系在很大程度上是建立在灯塔基金会的资金基础上的，即循环信贷，其数额每年有所变化。但计划保证为实现经营项目所必需的资金的60％，40％是根据罗马尼亚三家银行的竞争而筹集的资金。就业人数不到100人的公司有获得贷款的优势，它的基本活动同农业没有关系，重要的是，同贸易有关①。作为担保和抵押，可以使用任何流动性大的财产，汽车、设备、银行存款，还有第三方担保以及国家中小企业贷款担保基金等。借助灯塔计划提供的资金，社会经济联合资助被用于重新成立和正在运营的小企业。

与欧盟计划并行的还有在罗马尼亚实施的世界银行、欧洲复兴发展银行、联合国、一些非政府组织的项目，包括罗马尼亚—美国的小企业合作基金、1999 年签署了罗马尼亚和德国之间相关协议后成立的德国—罗马尼亚小企业援助基金会②。

在多种多样的国家支持计划和形式下，有机会享受外国资金的企业家的数量仍然是微不足道的。在罗马尼亚 1999—2001 年间的灯塔计划中，只有 99 个小企业主得到了贷款，数额仅为 1000 万欧元。大部分分配的资金由于某些原因国家一直没有动用过，首先是因为企业项目依据的复杂性，如交齐必须附带的文件（灯塔计划要求 21 个文件），提供要求的担保。一些补充的贷款条件使情况变得复杂，例如，如果企业主得到了用于自己业务发展的贷款，那么他只能获得欧盟成员国的商品和服务，这导致了生产费用的增加。

中东欧逐渐形成了中小企业国家援助体系，内容通常包括：

——贷款划汇安排（提供无偿补助金，利息优惠或无息贷款，对贷款利息进行补贴，部分补偿获得银行担保的费用，等等）。

——税收措施（税收优惠，部分或全部免税，等等）。

——非财政措施（企业家培训，提供信息，等等）。

---

① 根据计划，最大贷款数额是 30 万欧元，罗马尼亚银行的贷款不超过 20 万欧元。通过竞争胜出的贷款人申请贷款的数额不超过 10 万欧元。偿还期限为六年，延期支付不超过一年，借款人应自己支付不少于项目要求费用的 15％。

② 在基金会活动期间，共为小型企业发放了 7500 份信贷，这些企业的主要经营内容是，50％的企业提供服务，35％的企业提供贸易，只有 6％的企业与生产经营有关，平均信贷规模为 7000 欧元（1.3％—1.4％的年利率），偿还期限为 20 个月。2002 年向 850 万个品牌发放了贷款，向 150 万个品牌提供了补贴。（Adevărul economic, 2003, №27. p. 22.）

每个国家独立解决向谁、向什么样的企业主提供帮助的问题。捷克根据国家援助中小企业法倾向于向从事工业、建筑、手工业生产,服务领域包括医疗、贸易、运输(除出租车以外)的中小企业提供贷款,国家中小企业援助计划定位于支持中长期投资项目。

捷克方案中企业家的项目应该符合以下条件之一:

——得到援助后(签订贷款合同)一年之内创造新的工作岗位,并在整个合同生效期间一直保持下去。

——吸纳劳动能力有限的人在完全就业或不完全就业的基础上工作(至少在获得援助后一年之内吸纳一名残疾人就业)。

——改善生态环境,并作为实现项目的一个结果。

——提高企业的出口定向,凭援助获得者在相应阶段出口数额的数据和统一报关单复印件确认。

——生产残疾人医疗技术设备。

当前中东欧国家对中小企业的发展前途评价不一。像保加利亚、波兰、塞尔维亚和黑山共和国依旧设立中小企业近期内显著增长的目标,而匈牙利、捷克、斯洛文尼亚则意识到,90年代末强调小企业发展的模式被证明是完全不正确的。

在这些国家进行的调查显示,小公司很少对技术发展、提高产品质量,获得质量认证、更新设备、科学研究方面投入资金,也就是说,投资于长期竞争优势影响因素。据专家估计,在90年代后半期保加利亚的中小企业中,从事高科技研究和应用的不超过0.1%[1],其中2%的企业在科学研究活动上花费了资金,大约有6%的公司资金用于获得专利、先进技术、设计知识和许可证方面。只有1.1%的中小企业部门的公司拥有自己的专业化研究部门[2]。研究表明,中小企业关于国外市场、国际伙伴、新技术和欧洲立法等方面的信息得不到保证,而这些对于保证他们的竞争地位是完全必需的。

既然大型高科技企业(通常有外资参与)在一些国家的经济中开始唱起了主角,小企业客观上开始被排挤到了发展的边缘。匈牙利在这方面的趋势非常明显,随着市场文明程度的提高,个体业主的数量发生了锐减

---

[1]　Икономическа мисъл, 2000, №2, C. 56.

[2]　Там же, C. 80.

（见表 8）。

表 8　　　　匈牙利自主就业的动态发展（公司经营和个体经营的比例）　　　　（%）

	1989 年	1990 年	1991 年	1992 年	1993 年	1994 年	1995 年	1996 年
个体	89	86	83	81	79	78	75	71
公司	11	14	17	19	21	22	25	29

	1997 年	1998 年	1999 年	2000 年	2001 年	2002 年	2003 年
个体	66	63	63	62	62	—	49
公司	34	37	37	38	38	—	51

注：公司企业主被理解为以下法人形式——股份公司、有限责任公司、普通合伙公司、股份公司和集体企业等。

资料来源：Kis - és középvállalkozúsok a magyar gazdaságban. Helyzetkép és nemztközi összehasonlítás. Bp.：KSH, 2002. 85. Old；Világgazdaság. 23 november 2003.

自主就业的动态发展可以用以下因素解释：

——从事经营活动时对集体原则重要性的强调。

——政府吸引国外巨额资本的路线，并加强其在国家经济生活中的作用，从而不断地将小企业排挤出匈牙利经济的竞争部门。

——小企业的微薄收益导致资本金不足，反过来迫使企业主联合起来。

一些国家创立的经济分类体系要求小企业加强各种各样的一体化，形成大的经营集体，通常是垂直式一体化体系。因此从 2000 年开始，支持中小企业与国外运营的跨国公司和大型现代企业合作成了经济政策中的首要计划①。

斯洛文尼亚积累了十分有趣的经验，他们成功地实现了中小企业甚至大型企业之间一体化联合合作的综合化国家计划，形成了企业相互联系的一体化联合网络。在组织科技园和大学孵化器的同时，斯洛文尼亚经济部 1999 年进行了创新，企业和一个技术环节的组织联合成统一的经济体系，目的是巩固各类企业之间的合作，甚至加强企业和独立成立的研究团体之

---

① 详见*Государственная поддержка малого предпринимательства в странах Центральной и Восточной европы*，Москва：Наука，2006。

间的合作。

在详细分析企业地域相近因素和生产服务系统互补性的基础上,大公司和小企业及个体经营之间联合的潜力和前景显现出来。对这一问题的研究表明,在民族企业的工作中,合作性和系统化非常薄弱,然而已经开始了能够促进一体化的基础设施发展建设,而已经存在的企业间的合作和联系,能够为形成至少九个经营联合体奠定基础。所得到的分析结果成了政府推行一体化政策的依据,此政策的目的是建立和发展促进巩固企业间一体化联系的机制。这一过程应当能够促进企业发展所需的科技投入的增长,促进企业的专业化,拓展每个企业的核心能力,并以供应联合体及其成员的专业化产品迈向外部市场。

国家分析了形成这种有潜力的联合体的现实可能性之后,开始实行了工具制造、汽车、交通三个领域的试验项目。在此项目的基础上,又制定了增长战略规划,2002 年开始实施。2002 年的春天,进行了七个建立一体化联合体方面的创新,其中包括在地方成立小企业联合体的特别倡议,规定在 2006 年前形成 16 个大、中、小型企业的联合体,以及 20 个地方小企业的联合体。

为了鼓励一体化的进程,2001 年国家又启动了三个建立实际联合体的试验项目。从 2002 年又开始执行了三个计划,这些计划被规定刺激已经开始的一体化进程。第一个计划应该促进企业之间建立联系,以及它们在生产环节中的专业化;第二个计划宣传本身的理念,并普及一体化的实践经验;第三个计划面向小企业地方一体化的发展。其他方法也促进了一体化进程。其中包括建立科技中心与技术发展系统。企业、科研院校和其他对实现多方合作计划和发展一体化体系感兴趣的辅助机构,是这些项目的主要受益者。

在发展企业和竞争措施的计划框架下,2001 年开始实施了三个当中的一个试验项目,是关于小企业和生产汽车、部件、配件和其他备用零件的大企业的一体化试验项目。当中使用了大量的资金用于培训和提高全体人员的职业技能,公司内部传达信息利用信息技术,传授战略技术、现代市场营销手段和先进的建设方法。由此诞生了能够参与世界市场竞争的有活力的一体化联合体。

与公司间合作发展的同时,首先在技术层面,一体化联合体及其成员,包括小企业开始更紧密地同从事科学研究和实验设计活动的组织进行合作。

当然，中东欧近四五年来居民需求的数量指标和质量指标的动态增长，使小企业找到了特殊的缝隙市场，甚至在大企业公开排挤他们的时候。但这既不能解决小企业的问题，也不能解决社会经济中的问题。

当前中东欧最发达的国家确立了从 90 年代经济发展模式向面向廉价劳动力和利用外资的模式转型的任务。新的模式以以下三个优先地位为支撑：培训企业人才的技能，研发和应用新技术成果，提高生产的资本含量。可以自信地说，中东欧中小企业的命运更多地依赖于国家能否成功地实现这一转型。

分析后社会主义国家经济中私人资本形成的途径，能够得出一系列有助于理解这一过程的结论。显然对于中东欧国家而言，在建立私人资本方面存有共性的基础上，在实施它们的实践过程中存在相当大的差异，这些差异是由国家的初始条件、市场机制的发达程度、经济中的实际竞争水平、社会政治状况的特点、经济问题的尖锐程度决定的。差异也反映在私有化过程的社会定位水平上，反映在正式私有化和非正式私有化（影子私有化）的相互关系中，以及所有制关系转轨过程中隶属于政治目的或提高经济增长生产效率任务的程度。

第四章　后社会主义国家的私有化效率

一　私有化的目标和效率标准

脱离对私有化目标的理解是不可能界定私有化过程的效率标准的。在官方私有化纲要宣布的目标中，一般列入以下几点：

——制度转变。借助新的所有制契约达到制度上的转变。

——社会公平（私有化应该在居民之间更均等地分配财产）。

——经济效率（私有化被想象为提高资源配置的经济效率、企业和管理效率的手段）。

——补充预算量（出售属于国家的资产应用于资助社会计划，为转向新的养老体系和减少预算赤字提供保证）。

纲要中提出的私有化任务数量明显超出了改革者手中为实现目标掌握的资金规模。正如丁伯根定理①指出的那样，经济政策有效的主要条件在于树立目标的数量等于实现目标力所能及的资金数额。而如果提出的目标是非常矛盾的，那么情况将非常复杂。如果私有化的目标是经济效率的增长，那么改革者就应该忘记财政和社会政治目标。如果是填补国家预算，那么经济效率问题和政治方面就退居次要地位。当使原共产主义的掌权者失去政权成为首要任务的时候，根本不可能考虑什么经济效率目标。大众私有化很适合实现政治目的的背景下，是无论如何也不能促进填补预算目标的。私有化纲要的设计者可以通过拍卖出售资产增加预算收入，那么他们必须抛弃人民资本主义的口号。不使用拍卖，企业内部人控制不可避免。此外，这种私有化方法使提高竞争的希望变得渺茫：新的私人垄断者

---

① Андрефф В. , "Постсоветская приватизация в свете теоремы Коуза", *Вопр экономики* , 2003 , №2 , C. 125.

未必对重组感兴趣,这将导致他失去垄断地位,相反他会努力限制别人进入他的领域。

现在已经广泛地承认,转轨之初私有化的真正动机曾经远离了私有化大纲中宣布的目标。

尽管为那些目标本身而建的资本主义并没有建立起来①,在过渡经济中,私有化起初正是作为自给自足的措施实施的,私有化被看作是改革不可逆转的保证和政府改革决心的主要证明。不能不同意美国著名经济学家艾米斯金、因特里利卡多尔、马金塔伊耶尔、戴罗尔的观点:"害怕恢复旧的制度导致重点放在由于纯粹的政治动机而实现私有化的速度上。为了使反对派失去理解正在发生的事件的时间和机会,从而不给他们组织起来抵抗的机会。"② 正如很多学者公平地指出的那样,政治在私有化推行过程中起了决定性的作用,正是私有化的大众性导致忽视了办理和管理费用的支出③。

私有化对社会经济制度转轨的影响十分巨大。在它的影响下,政治制度发生了变化,社会结构也发生了变化,居民和组织机构的行为动机和战略发生了变化,经济中特别是生产结构发生了根本性的变化,经济效率概念本身也发生了改变。拉德金在自己的一个研究中提供了一幅极端矛盾的关于私有化在不同制度转轨阶段对社会和经济产生影响的画面④。正如拉德金指出的那样, + 和 – 表示存在或者缺乏某种效果,但是在任何程度上都不意味着最终的积极特点或消极特点。对拉德金作出的质量评估可以进行争论,我们将稍后进行,眼下我们对私有化对经济和社会影响的多样性这一事实本身很感兴趣 (见表 9)。

---

① Tirole J. , *Privatization in Eastern Europe*, *Incentives and the Economics of Transition*, Ed. by O. Blanchard, S. Fischer. NBER. Macroeconomic Annual, Cambridge (Mass): The MIT Press, 1991, p. 224.

② Амсден Э. , Интрилигатор М. , Макинтайер Р. , Тэйлор Л. , *Политическая экономия развития о стратегии эффективного перехода* , Москва: 1995, С. 6.

③ Roland G. , *Transition and Economics*: *Politics*, *Markets and Firms*, Cambridge (Mass): The MIT Press, 2000; Андрефф В. , " Постсоветская приватизация в свете теоремы Коуза", *Вопр экономики* , 2003, №2, С. 125.

④ Радыгин А. Д. , "Российская приватизация: национальная трагедия или институциональная база постсоветских реформ?", *Мир России*, 1998, Т. Ⅷ, №3, С. 8.

表9 不同体制改革阶段私有化的效应

	短期阶段	中期阶段	长期阶段
政治效应			
原有政治经济制度不可能复辟	-	+	+
促进民主制度的形成	-	+ / -	+
意识形态效应			
接受私有制	+ / -	+	+
接受"人民资本主义"意识形态	+ / -	-	+ / -
经济效应			
微观效率		+ / -	+
宏观效率			+
金融稳定（预算）	-	-	不存在
反垄断和竞争环境	-	- / +	+
吸引外资	-	+ / -	+
社会效应			
剧烈的社会冲突	-		
财产分化	+	+	+
失业	+	+	
工资增长	-	+ / -	+
出现稳定的中产阶级	- / +	+ / -	+
法律效应			
产权的正式分配	+	不存在	不存在
产权的再分配	-	+	不存在
稳定的产权分类和保护体系	-	-	+
稳定和详细的立法	-	- / +	+
制度效应			
私人经济部门形成	+	+	+
私营企业部门的出现	+	+	+
公司管理制度的创立	-	- / +	+
有价证券市场的机制和基础设施	- / +	+ / -	+
稳定的机构投资体系	- / +	+ / -	+

续表

	短期阶段	中期阶段	长期阶段
作为所有者的国家的明确作用和角色	-	+/-	+
心理效应			
新的动机意识和新的行为定式	-/+	+/-	+
生态效应	-	-	+
犯罪效应			
野蛮形式的自发私有化	+	-	
腐败和欺诈	+	+/-	-/+
洗黑钱	+	+/-	-/+
很高的交易成本	+	-/+	-

中东欧国家的私有化正如国家领导在官方文件和声明中指出的那样，实际上完成或者接近完成，然而私有化的很多后果只能在长久的未来中显现出来，因此只能对一些已经显现私有化效果的部分加以分析。其中，我们分为新私有者结构和激励机制的形成、私有化的经济效应、社会效应和犯罪效应。

二 新私有者和激励机制

私有化在理论上的一个最重要目标是出现有效率的私有者（个体或者群体），他们有兴趣理性地利用财产，并在此基础上获得明显的私人收益。

在中东欧产权再分配过程中，出现了几类私有者，他们可以划分为内部私有者和外部私有者，内部私有者是企业的领导们和一批工作人员，外部私有者是个别的自然人（本国公民或外国公民）和法人（投资基金、银行、私人公司），他们可能是本国人也可能是外国人。

在这些国家中建立的上述主体之间的财产分配结构确实存在差异。内部投资者也就是企业的劳动集体和经理们获得财产是斯洛文尼亚、南斯拉夫、克罗地亚、阿尔巴尼亚、马其顿和很多独联体国家（包括俄罗斯）在产权最初巩固阶段具有的特点。国内机构投资者与预测的相反，在大多数国家表现得不是相当积极。自然人和法人身份的外国投资者在匈牙利、斯洛伐克、捷克和克罗地亚银行部门占主要地位。

为了评价新的所有制结构对财产使用效率的影响，应该对激励、权能实现的可能性（包括对经理的监管），还有中东欧国家新私有者的融资能力进行详细的分析。

（一）内部人：劳动集体和经理

正如前面所说，形成大规模的内部投资人产权不仅是那些私有化纲要中规定的对被私有化企业劳动者和经理特殊优惠的国家具有的特点①，也是那些尝试将被私有化企业集体同其他私有化过程参与者处于平等条件（如捷克的小私有化），或者采取非常有限规模的促进内部投资人产权发展计划的国家（如匈牙利）具有的特点。

匈牙利劳动集体产权在小私有化范围内占通过拍卖私有化的所有企业的 54.7%（这种形式的私有化的数量占应该私有化小型企业总数量的 50%）。在捷克，根据抽样调查的数据，这一数字达到了 53%②。德国的东部土地在监护机关存在的时期（1991—1995 年）采用职工经理私有化模式的企业占所有企业的 19%—20%。内部人产权的产生——事实上是后共产主义国家所有制转型的不可避免的结果，而且不仅仅是原意识形态遗产影响的结果，正如西方文献中经常提到的那样，这一结果对私有化纲要的制定者施加了影响。还有一些客观原因产生了影响，就像德国东部土地私有化的经验所证明的那样，其中最主要的客观原因是，不可能为所有的应当私有化的国有企业找到外部的战略投资者，因为资本不足（即包括居民储蓄型的国内投资者和外国投资者）。在这种条件下，对企业存活感兴趣的内部人成了自己公司唯一可能的购买者。

后社会主义国家内部人产权广泛普及的第二个极其重要的原因，是企

---

① 到 1996 年底，斯洛文尼亚的内部所有者（企业员工和经理）手里已经拥有了 47% 的私有化企业的股份。克罗地亚所有小型企业和大约 50% 的公共企业的私有化实际上对劳动集体非常有利。波兰在 1996 年 3 月 31 日前私有化的大约 2200 家企业中，约有 1/3 被转为私人投资者所有（这还不包括属于财政部职权范围之外的、在私有化时被改造的企业，或者由于企业破产程序已成为劳动集体财产的企业）。

② Woodward R. , "Insider Privatization in Post‐Communist Countries: 'Propertization of the No-menklatura' or an Effective Step Toward a Private Economy", *Privatization in Post‐Communist Countries*, Ed. by B. Błaszczyk, R. Woodward. Warsaw: 1996, Vol. 11, p. 38.

业领导者在过去发展阶段的生产关系系统中（更广泛地说是在社会中）所占的特殊地位。好像在计划经济条件下中央不是很强大，它在制订计划和完成计划任务的过程中，常常不依赖经济发展某一阶段形成的经营管理体系，而是依赖于企业的行政部门。第一种情况要求来自下面的信息，第二种情况是为了完成不切实际的计划任务要求再付出一些指令以外的努力。考虑到计划的规模，中央被注定要指望下级的管理者，首先是企业的领导者。后者不仅享有特权，这些特权在很多国家是提供给上级任命的干部的，而且为了巩固自己在决策过程中所占据的地位，还建立了复杂的杠杆体系（包括正式的和不正式的）。因此，客观上在后社会主义国家的私有化过程中，内部人的作用应当是相当大的。

很多研究者指出，私有化对企业员工及内部投资者的动机和行为缺乏积极的影响。他们对私有化表现出极大的兴趣同可能获得红利有关。但随后又逐渐减弱，开始考虑被后社会主义国家其他企业的支付能力限制了的低水平的红利。

根据俄罗斯企业厂长的估计，10%—12%（1993 年）到 15%—18%（1994 年）的工作人员对持有股票完全不感兴趣。这类劳动群体倾向于摆脱掉它们，或者卖给金融市场，或者卖给企业领导。根据古尔科夫和梅伊塔尔得到的数据，40% 的俄罗斯私有化企业的工作者发现，当他们成为股东后，对决策施加影响的可能性明显下降，38% 的被调查者认为，由于私有化没有发生任何变化。46% 的股东认为，私有化以后关于公司活动的信息对于他们而言更加可望而不可即了[1]。因此毫不奇怪，正如 100% 被调查的俄罗斯厂长发现的那样，私有化直到现在也没有对企业员工的动机产生积极的影响[2]。

企业领导想要获得个人成就和幸福的动机和努力完全是自然而然的。他们只有在这种条件下受欢迎，即如果他们没有陷入与企业所处的状态完全冲突的境遇的话。然而在俄罗斯的条件下（保加利亚、阿尔巴尼亚和

---

① Gurkov I. , Maital S. , "Perceived Control and Performance in Russian Privatized Enterprises: Western Implications", *European Management Journal*, 1995, №4.

② Bim A. , *Ownership, Control Over the Enterprises and Strategies of Stockholders*, Vienna: IIASA, 1996, p. 13.

克罗地亚的学者进行过相似的分析①），企业领导者的福利不是建立在成功的企业经营活动和企业重组的基础上的结果，而是有目的性的、半非法的资本撤离。

经理对企业实行的监控和他手中拥有的财产规模远远不成比例。然而在大多数财产被转移到劳动集体手里的企业中，经理们对他们手中拥有的实际控制权很不满意，并展开了将大部分产权集中到自己手中的斗争。研究表明，在按照第二方案私有化的俄罗斯企业中，很多工人之所以被迫将股票按照票面价值或者较低的价格卖给企业领导，是因为能够提供工人用股票换取便宜的日用品的机会，是在离职退休或辞职的情况下，作为纪律惩罚的情况下出售的。

在第二次发行股票的过程中，企业领导成功地赢得了采用差别条件进行封闭认购的好处，这使他们处于特权地位。

通过最初货币拍卖时购买股票，在企业领导手里发生了产权集中，为此进行私有化券和资金储备的预备性动员是必需的。

由于成立了受监督的私有化券基金会，这一任务被企业的最高领导解决了，同时也依赖于苏维埃经济自由化初期（1988—1991 年）完成的个人储蓄和自发的或者机关干部的私有化（大约在同一时期），在这种条件下，广泛采用了以下集中产权的幕后手段：1）动员现有的附属私人机构或者成立新的企业，专门按照企业领导制定的战略路线集中股份。2）指定一些私人去收购拍卖的股票，或者在二级市场上收购股票，这些人表面上和企业没有关系，实际上和企业领导有密切关系。

由于一些情有可原的原因，导致那些或多或少可靠的数据给人们一种有关上述交易的规模似乎不可能的印象：通过查看股东登记本，本可以获得足够多的信息情报，然而通常不仅独立的研究者无法接近，就连股东自己也不被允许接近。因此，比姆在研究过程中所得到的数据提供了特殊价值。在研究俄罗斯股份公司清单的时候，他发现，其中 67% 的企业中列入外部股东名单的有 10%—12% 的法人是按照那些主要企业的邮政地址登记注册的。这一事实最好地证明了，上述法人并不是别的，正是主要企

---

① Bicanic I. *Measuring of Size and Changes in The Unofficial Economy in Croatia*, Zagreb: 16 – 17 May 1997；Muço M. , "The importance of Informal Financial Sector in Albania 1996 – 1997Crisis", Papers presented at the International Workshop, *The Importance of Unofficial Economy in Economic Transition*. Zagreb: 16 – 17 May 1997.

业领导控制下的附属机构，在 58% 的企业中，外部股东自然人姓名与上述领导姓名相符的比例达到 3%—19% ①。

规定由经理部门控制大部分股份的实践是中东欧国家的共性，名义上它不控制这些大额股份，如果部分股份不出售，而这部分投票权被确认归厂长或理事会所有的话，董事会常常根据分散在公司总部下属子公司的股份来投票，相应的国家财产基金会也可以把自己股份的选举权委托给企业领导。

由于上述原因，在经理的完全控制之下，1993—1994 年俄罗斯有 80%—82% 的被私有化企业是按照第二种模式进行的。在 20.8% 的被私有化企业中，他们只是 3%—5% 股份的私有者，还有在 20.8% 的企业中他们控制了 5%—10% 的股票，在 12.5% 的企业中拥有 10%—20% 的股份，在 8.3% 的公司中，他们拥有 20%—30% 的股份②。

股东在制定企业发展战略和决策时的兴趣，所到之处表现的比原先预想的要差得多，布拉什和布莱伊费尔在 1996 年的研究中得出的结论是，很多后社会主义国家中的一些员工并没有被推荐为代表参加被私有化公司的监事会，没有表现出参加股东大会的积极性③，这常常是经理以前历来对员工影响事件过程的可能性失去信心，从而欺骗员工的结果。在波兰，尽管被私有化企业监事会中非经理代表资格达到了 20%—30%，但是他们的权力不大，有下降的趋势④。匈牙利发现了集体企业中劳动代表制度在制度形式上的弱点，并进行了研究⑤。

在合作员工表现出极小的积极性的情况下，企业领导者启动了所有可能和不可能的冻结机制。积极分子很少做出与企业领导建议相冲突的决定。一些员工和外部投资者的同盟，也面向支持企业的股东员工，很少处于领导的对立面。

---

　① Bim A. , *Ownership, Control Over the Enterprises and Strategies of Stockholders*, Vienna: IIASA, 1996, p. 22.

　② Same as above, p. 5, p. 8.

　③ Blasi J. , Shleifer A. , "Corporate Governance in Russia: An Initial Look", *Corporate Governance in Central Europe and Russia*, Ed. by R. Frydman, ch. Gray, A. Rapaczynski. L. , 1996.

　④ Gardavski J. , "Trends in the Ownership and Authority Structure of Employee – Owned Companies", *Management Employee Buy – outs in Poland*, Ed. by V. Jarosz, Warsaw: 1995.

　⑤ Boda D. , Hovirka J. , Neumann L. , *A munkavállalok mint a privatizált vállalatok új tulajdonosai*, Közgazdasági szemle, Bp. , 1994, 12, sz. , 1084 – 1096. old.

在企业领导反对外部人的冲突中，劳动者更经常给予企业领导者支持。他们相信，甚至自己最严厉的领导，也会比其他的外来领导对自己的员工更加忍耐，不会那么激进。将股票集中到领导手中的想法虽然在劳动者当中不是十分普遍，但是仍然比把股票集中到外部人手里更接近他们的心理。

这样，现在很多员工只是在非常特殊的情况下对履行自己所有者的权利感兴趣。他们监督经理活动的可能性是十分微小的。在拥有内部人产权的私有化企业中，领导仍然是主要人物（厂长或总经理等）。

很多研究者存在这样一种幻想，如果领导成了企业的私有者的话，他们将集中精力达到利润最大化，而这正是市场经营体制所要求的[①]。埃斯特林强调，当私有者对企业的决策过程不实行直接控制的时候，必须建立能够确保企业领导对实现利润最大化感兴趣的机制。在所有中东欧国家的实际事件进程中，要求明确这样一个命题[②]：我们所说的应该是企业利润最大化，而不是领导个人收入的最大化，这和企业的活动结果没有任何关系。正如分析表明的那样，过渡经济中远不是所有的企业领导者将增加个人收入建立在增加企业收入的基础上。他们经常将自己的个人利益和他们实际占有或者完全控制的企业的利益分开。

在实现私有者权利的过程中，可以把理论上拥有各种利益的经理划分为两类，可以把第一类经理群体的战略称作建设性的，旨在使企业最有效率地适应新的经营条件。战略包括生产结构的现代化和重组、为了形成更有效的合作关系、对供应者和需求者进行详细的分析、完善公司内部组织、必要性地减少行政人员，以及重要资产重组，等等。

那些认为未来借助企业的发展保证自己个人的富裕是不可能的人可以列入非建设性战略经理群体。原因可能是多种多样的：在大多数后社会主义国家中，最重要的属性之一就是企业的部门属性，因此非建设性战略的经理们采取了有效地转移收入和利用企业资金的措施，仅仅是为了个人发财，他们常常不忌讳侵吞和欺诈等这样的行为。据保加利亚、

---

① Peck M. , "Russian, Privatization : What Basis Does it Provide for a Market Economy?", *Transnational Law and Contemporary Problems*, A journal of the University of Iowa, College of law, 1995, No1.

② Estrin S. , "Economic Transition and Privatization" , *The Issues, Privatization in Central and Eastern Europe*, Ed. by Estrin. L. , N. Y. : Longman, 1994.

克罗地亚和阿尔巴尼亚学者证实[1]，企业领导者的福利通常不是建立在成功的企业活动和企业的重组结果基础上，而是有目的地和半非法地撤离资本。

存在将企业资金转移到经理个人腰包的各种各样的方法，其中有：

——支付给经理极高的工资收入。

——在私有化企业周围成立附属公司，大多数是经理直接组建的，或者亲戚和熟人组建的（美国学者的研究结果证实，在中东欧这种做法非常普遍）[2]。

——我们称之为单向的出口，也就是不把外汇进款返回给企业。在这方面，私有化初期阶段由于该国对出口和外汇业务的调控能力不同有非常大的国别差异。输出的资金被企业经理用来注册企业或附属公司的国外财产。在最成功的发展中国家中，对这一过程的控制是非常严格的。

将上述财产集中到经理手中的途径，首先在那些劳动集体在私有化过程中被提供较多优惠的中东欧国家得到了广泛的普及。因此，尽管在企业经理、劳动集体和外部投资者之间有投票权的股票分配结构实际上业已形成，但在大多数情况下，对财产的实际控制权仍保留在经理手里，他们掌握着唯一的信息和重要的联系，利用了劳动者的分散性和无组织性，以及对控制财产缺乏兴趣的特点。

（二）外部人：国内自然人和法人

存在几类外部投资者，他们在本质（起源）、企图或打算以及对私有化企业可能产生的影响上存在差异。

私人公司在后社会主义国家的金融市场最为活跃。他们的目的在于获得股票，为了获得控制权或者最大限度地影响私有化企业的活动，然而并不总是追求做实际的生产投资或者尽快地改善企业活动。

私人公司在获得股票和实行企业必要重组方面的积极程度取决于几个

①　Bicanic I. *Measuring of Size and Changes in The Unofficial Economy in Croatia*, Zagreb: 16 – 17 May 1997; Muço M. , "The importance of Informal Financial Sector in Albania 1996 – 1997 Crisis", Papers presented ant the International Workshop, *The Importance of Unofficial Economy in Economic Transition.* Zagreb: 16 – 17 May 1997.

②　Szelenyi I. , Eyal G. , Townley E. , *Managerial Capitalism: The Remaking the Economic Institutions and the Changes in the Social Structures During Post – Communist Transformation*, Mimeo. Los Angeles: 1 November 1995.

因素，首先取决于转型公司的资本结构。如果我们指的是外部人在资本结构中没有控股权或大额股份的公司（这样的企业在南斯拉夫、保加利亚和波兰很多），私人公司通常不太愿意参与这类公司的活动。私人公司对不属于自己控制的业务进行投资缺乏兴趣。

如果指的是属于外部人控制之下的公司，外部投资者则更加经常地提出企业重组的严肃计划，在中东欧国家中，他们表现出明显的向实际经济部门渗透的兴趣。

古尔科夫在 1995 年对俄罗斯私有化企业的活动进行分析后指出[①]：私人企业基本上像强盗一样活动，他们宁愿尽快解散刚刚得到所有权的公司，或者把它作为摇钱树，利用它满足自己的迫切需要。关于俄罗斯外部投资者缺乏战略方针这一问题，艾里尔、埃斯特林、列先科给予了关注[②]。

在一些中东欧国家，私有化基金会成了有影响力的外部投资者。预计私有化基金会将作为股票和私有化券流通过程的中介，以战胜在最初阶段表现为私有化券的产权分散化。按照这一逻辑，私有化基金会应该发挥外部所有者这一团体的作用。实际上投资基金会的行为动机存在相当大的差别。这与不同国家实现私有化的模型和基金会的形成制度以及对基金会活动的调控制度有关。

在捷克，个体公民、公司和银行都被赋予了成立私有化基金会的权利。在私有化初期，全国有 430 家私有化基金会，它们为了私有化投资等级在市场上彼此展开了竞争。在大众私有化阶段，为获得股票须进行投资登记。那么，被分配的资产的位置和价值并不是提前决定好了的。居民和基金会为此展开了竞争。

基金会手中积累到 70% 以上的投资积分后，就能使用私有化券获得私有化企业 60% 的资产，并处于管理机构的中心地位。

---

① Gurkov I., *Organizational Transformation of Russian Privatized Companies: Qualitative and Quantitative Analysis*, A Working Paper in the Management Report, Rotterdam: Rotterdam School of Management, 1995, Series №227.

② Earl J., Estrin S., Leshchenko L., *Ownership Structures, Patterns of Control and Enterprise Behavior in Russia*. Paper presented at the Joint Conference of the World Bank and the Ministry of Economy of the Russian Feberation. St. Petersburg: 12 – 13 June 1995.

最好的基金会是由大银行建立的①。银行与基金会之间的联系一直保持到 90 年代末。尽管以法律形式固定了相关要求,按此要求私有化基金会在注册 3 个月后应该独立于所属机构。

分析家们最初预测,投资基金会将会着手采取控股企业重组的措施,然而,看起来这只是对于那些能够建立有效公司管理的大基金会来说是对的。大多数基金会是消极的投资者,他们很少取代他们控制下的企业的经理。这种行为的原因有两个:第一,企业的经理要比基金会的经理好得多,他们熟悉公司业务;类似的对企业的监督成本昂贵且极其困难。此外,基金会的投资力量被分散用来获得很多企业的股票。第二,买卖股票,进行股票幕后交易,似乎对投资基金会而言,比提高公司管理效率从而获得利润和红利要有利得多,而且这些资金仅仅是基金收入中很微不足道的一部分。

显然应该同意瓦格涅尔的观点,即投资基金会的股东们会通过资本市场积极控制企业的想法是幻想,结果投资基金会采取行动时,或者不顾股东的意志,或者在集团框架下出于机构即基金会创立者甚至很可能是银行中心的考虑②。

波兰的国家投资基金会被赋予了对列入大众私有化计划的企业实施重组和私有化的任务。它们还承担了为列入国家投资基金会的企业寻找新的资本来源的任务,帮助它们控制销售市场,轻松获得现代技术。投资基金会的一个重要职能是形成对有价证券的投资。预计国家投资基金会的计划会加快私有化的节奏,同时在由基金会雇用的专业管理公司的帮助下推进企业的重组。

在国家投资基金会运行的 10 年间,资产价值缩减了二分之一多。1997 年底之前,总资产数额大约增加了 15 亿兹罗提,随后在两年半的时间里缩减了不到 20 亿兹罗提。在考察的 10 年(1996—2005 年)时间里,没有一家基金会增加了自己的资产价值。这与投入基金会的股票价值急剧下降有关(主要是股份公司的有价证券不能在证券市场上流通)。基金会

---

① 最具影响力的投资基金会属于大银行:商业银行、储蓄银行、投资银行和邮政银行。仅邮政银行就拥有 100 家企业中 10% 的股份,在 30 家投资基金会中拥有 20% 的股份。投资基金会实际上属于银行所有,反过来银行也拥有 14 家投资基金会 20% 的股份。

② Вагнер Х. Ю.,"Частная собственность и управление в переходных экономиках", *Politekonom*. Москва:1996,№3. C. 59.

的股份资本和资产价值的急剧下降，是在整个证券市场和个别流动证券价值暴涨的条件下发生的①。分析家指出，国家投资基金会财务计划失败的原因是：使用了高风险的投资战略，这经常带来直接重大的损失，而且国家投资基金会用于支付公司管理服务费用的成本也相当高。

2005 年资产减少的过程仍在继续：根据 2005 年上半年的数据，国家投资基金会的资产与 2004 年同期相比，下降了 26.1%，达到 20.758 亿兹罗提（大约是 6.6696 亿美元）。2005 年上半年基金会的法定资本是 3920 万兹罗提，2004 年上半年是 4700 万兹罗提。

波兰研究者强调，1998 年对于基金会而言是转折的一年，当时发生了参与基金会股份的份额证书的强制性交换，从那时起开始感觉到大众私有化概念本身的缺陷。

第一，国家是小股东的情况（最多占 25% 的股份）导致国家财政部为实现计划失去控制，也不能使国家在撤出股份公司股份资本时保证自己的利益。

第二，当战略投资者在主要的国家投资基金会获得股份公司的控股权后，很难找到想担任少数股东角色的投资者了。为此国家不得不参与这些股权的出售，或者保留在自己手里。

第三，管理公司利润最大化的追求和计划的理念相矛盾，计划的主要目的是对 512 家参与计划的股份公司进行整顿和重组，并提高资产的价值。基金会的经理和管理公司的领导通常并不像推行第二次私有化（即将公司出售给其他投资者）那样对自己管理的股份公司独立进行重组感兴趣。在他们的战略中，显示出他们渴望退出股份公司的股权，为的是今后实现基金会的清算方案和在股东之间分配积累的资金。因此，从股份公司中退出，在期限和价格方面并不总是对企业有利，也不符合他们的利益。分析家指出，立法也无法保证任何制止这种行为的机制。反过来，旨在投资安全的金融工具的国家投资基金会只起到了消极投资者的作用。

第四，似乎对于股份公司而言，外部有利的国家投资基金会之间的股票分配机制实际上只是导致了股份资本的分散，这影响了对企业的管理质量。少数股东没有可能在同管理公司签订的合约中改变什么，特别是重新

---

① Biuro Studiów i Ekspertyz, Kancelaria Sejmu. Wydział Studiów Budżetowych, Informacja, №1118, Ocena Efektywnosci Narodowych Funduszy Inwestycyjnych. Styczeń, 2005.

修改他们服务的报酬[①]。财政部也失去了获得股份公司的相关情况和对实现基金会规定目标进行监控的可能性。

第五，法律曾经允许国家投资基金会和管理公司的财产联合，这导致了管理的不透明性，较高的交易成本限制了财政部影响基金会活动的可能性。资产能够在基金会之间进行转账，这使管理公司能够利用这一机制巩固自己的地位，因此侵犯了其他股东的权益。

在512家最初列入计划的企业中，国家对244家股份公司进行了监控，其中91家企业处于破产状态，5家处于清算过程。2005年初被列入基金会计划的企业中，属于国家财产的股权比例不等（从0.18%到27%，在宣布处于破产程序的公司里达到40%）。2005年期间，为这些股权寻找投资者的过程还在继续。国有资本参与了14家基金会中的9家，这9家基金会直到现在仍在运行[②]，而且其中仅有两家基金会的国有股权超过了10%。

按照波兰分析家的看法，国家投资基金会对自己的有价证券公司产生的影响不是很大[③]。在所有期间，大多数被卷入大众私有化计划中的企业的金融经济指标恶化了，1999年它们的盈利水平比其他私有化公司低，甚至比隶属于国家财政部的公司还要低。

俄罗斯私有化基金会的活动在缺乏对经营主体的法律保护、发达的制度环境，特别是成熟的金融市场，以及对金融中介成立过程监督不力的条件下是破坏性最大的。俄罗斯私有化基金会的活动目的与其他后社会主义国家类似名称的机构所追求的目标相去甚远。在俄罗斯投资和证券基金市场上运行的基金会可以分为以下几类：

——为了快速集中私有化券并对此进行投机交易而成立的基金会。

——同个别私人企业的经理有地下联系，并按照他们的需要积累私有化券的基金会。

——旨在获得国家补贴和优惠的基金会。

---

① 高成本的主要原因在于国家投资基金会要用资产的15%来支付管理公司的报酬，最高管理局向基金会董事会提出的关于奖金数额与基金会财务状况挂钩，或者与管理的财产价值挂钩的建议，从未被采纳，结果年终奖励的开支占财产管理价值的2.6%。

② 在实施投资基金会计划的过程中有两个基金会发生了合并，目前共有14家。

③ Błaszczyk B., Górzyński M., Kamiński T., Paczóski B., *Secondary Privatisation in Poland, Evolution of Ownership Structure and Performance in National Investment Funds and their Portfolio Companies*. Warsaw: CASE, 2001（CASE Report, p. 48）.

——对占有企业和企业重组感兴趣的基金会（其数量微不足道）[1]。

——诈骗组织，收集居民的资金然后从市场上消失，并没有在投资者面前履行自己的义务。

私有化券投资基金会是最微不足道的、最没有影响力的股东之一。对占有企业和重组感兴趣的基金会的比例更是少得可怜。1994 年在 21% 的企业中投资基金会成了 10%—12% 股票的持有者，在 23% 的公司中，他们成了 5%—10% 的股票持有者[2]。比斯托尔分析了俄罗斯现有的 516 家私有化券基金会中 148 家基金会的活动后，得出了一组数据，此数据表明基金会平均掌握了 7.6% 的私有化企业的股票[3]。

从私有化券投机中获得数量可观的收入后，俄罗斯基金会试图将投机战略外推到企业股票的交易。这样，他们的兴趣基本上表现在那样的金融市场领域，而不是集中在对企业的控制、管理和重组上。很多投资者没有支付能力，最后清算破产；其中一些变成了金融市场上的普通操盘手。

银行扮演外部所有者的角色，或者直接的，或者建立自己的投资基金会，或者以某种方式参加企业私有化前的准备工作。在对待银行这一潜在的外部私有者的态度上，实际上有国别差异。例如，在匈牙利，尽管在 90 年代期间对私有化概念进行过多次校正，但国家对银行和工业企业融合的前景一直持否定态度，因此银行直接参与私有化是被法律禁止的。在 1992—1993 年工业企业破产的浪潮中，它们甚至必须卖掉那些属于它们财产的工业企业的股票。

捷克的银行直到 1998 年在私有化中还起到相当大的作用。正如前面已经指出的那样，它们成立了最有影响力的投资基金会。银行通过国家财产基金会与政府有着紧密的联系。国家财产基金会曾拥有大型银行的大部分股权（在捷克储蓄银行中它的份额占 45%，在商业银行中占 48.8%，在捷克商贸银行中占 66.6%），除此之外，它还是很多家企业的最大股

①　Frydman R.，Pistor K.，"Rapaczynski A.，Investing in Insider – Dominated Firms：A Study of Russian Voucher Privatization Funds"，*Corporate Governance in Central Europe and Russia*. London：Central European University Press，1996.

②　Bim A.，*Ownership*，*Control Over the Enterprises and Strategies of Stockholders*，Vienna：IIASA，1996，p. 18.

③　Pistor K.，"Privatization and Corporate Governance in Russia：An Impirical Study"，*Privatization*，*Conversion and Enterprise Reform in Russia*. Ed. by M. McFaul，T. Perlmutter，Stanford University，Center for International Security and Economic Reform，1994.

东。这种银行、国家和企业的紧密交织被一些捷克经济学家们阐释为银行的社会主义。

银行中存在私有者和监督管理机构的债权人职能的交错,而且私有者的利益往往要显得比债权人的地位弱一些。捷克的银行通常不利用自己的权能积极参与企业战略的制定,并不把自己看作是战略投资人[1]。专家别尔指出了银行所有者参与企业管理积极性不足的问题[2]。

分析 90 年代末的情况证明,在资本中银行所占份额相当大的企业的活动业绩同那些银行不持有大量股份的企业之间实际上没有差别。企业的经营利润实际上也没有被银行在发放贷款时考虑。

由于银行部门直到银行本身私有化之前的竞争相对较弱,银行有可能通过存贷之间的利率差额获得较大的利润。对不良贷款进行部分注销和部分重新注资强化了银行的消极行为,银行并没有表现出改变自己行为战略的倾向。

在波兰、克罗地亚和斯洛文尼亚,银行直接参与私有化是非常少的,而在企业私有化之前重组时却起比较重要的作用。对大股权进行投资通常与外部因素的作用有关。根据私人的意愿,银行仅仅获得了工业企业的少量股权,而且常常根据同战略投资者的契约来履行,在这种情况下也不参与企业的管理。

银行对获得私有化企业的股份不感兴趣,一方面是因为立法限制的作用,按照法律,银行能够在证券市场上的投资不超过自身资产的 25%;在这一界限范围内,一部分资产被它们用于购买负债企业的股票,也为了完成承保契约[3]。另一方面是由于银行资本结构的特殊性(这一因素在中东欧其他国家也起作用)。很明显,银行资本的主要部分在长期阶段是长期存款,因此如此高的长期投资比例很可能对金融稳定构成威胁。

在上述因素的影响下,银行只对那些企业的股份资本进行直接投资,这些企业的股票是应该在证券交易所登记的,即只对那些可靠性较高的有价证券进行投资。

正如我们已经指出的那样,银行能够对债务企业产权的转型起非常大

---

[1]　Buchtikova A. ,"Privatization in the Czech Republik", *Studies and Analyses*. CASE. Warsaw: 1995, №53.

[2]　Same as above.

[3]　这种契约指的是银行据此会承担起保证企业有价证券流通的义务。

的作用。例如，在波兰，银行可以对企业进行商业化（也就是说把企业改革成股份公司，产权属于国家财政部），这是债务企业和债权人之间签订契约初期手续的准备条件。由于这些措施，企业：

——被剥夺了自由支配自己资产的权利。

——处于监理会严格的监管之下。

——被迫完善管理体制。

如果企业对银行（或银行集团）的债务数额不少于企业债务总额的20%（当数额超过 10 亿旧兹罗提时则为 10%），银行能够以自己的名义或者以银行集团的名义开始进行调解程序，根据法律，这类契约可以在1996 年 3 月 18 日之前签订①。

完成了契约手续后，银行责成债务企业着手采取某些改善企业的行为，而如果国家财政部农业产权业务代理机构以债务人的身份出现，银行就迫使它对国有农业企业进行清算，并开始实施财产管理计划。如果这样的程序由契约提前规定，银行就确定企业债换股的原则。这就意味着能够重组企业的债务，也可以使债务人轻松寻找新的融资，延期支付债务，降低或取消债务的利息或者部分债务，将债务利息临时资本化，在利息支付期限到期时与本金分开，将全部或部分债务转换成企业股份，偿清所有或部分债务，其中包括债务利息、向债务人提供新的债务、贷款或贷款担保。

银行有权利按照市场价值出售企业的债务，不需要事先征得债务企业的同意。为了保证实现银行的调解和对这一过程的监督，成立了有财政部代表参加的债权人委员会。

按照法律，不需要签订银行契约就可以进行独立的企业债务重组程序。债务超过 30% 的企业债权人可以预先将企业股份化，要求企业"债转股"。从企业"债转股"之日起，企业对此债权人的债务就偿清了。实际上这个程序很少使用。它不太普遍的原因有：立法不够详细；来自产权改革部门方面的对它的警觉态度，而最主要的原因是——在银行调解程序框架下债务股份化对银行更有利（特别是由于较少的税收基数②）。在银

----

① Borowiec M. , "Changes in the Ownership Structure of the Banking Sector and Participation of Banks in the Privatization of Enterprises in Poland", *Privatization in Post - Communist Countries*. Ed. by B. Błaszczyk, R. Woodword. Warsaw: 1996, p. 165.

② Same as above, p. 167.

行调解的框架下经常使用债务股份化,使银行能够参与企业管理,并在一定程度上由于出售股份获得收益而改善了金融状况。

银行作为投资中介制订"债转股"计划(期限从一年到五年),并且经常寻找想获得企业股票的战略投资者。根据产权改革部门的数据,每五个银行的调解程序中,就有一个制订了"债转股"计划[①]。

俄罗斯银行在不同改革阶段不断变化的私有化过程中起了非常重要的作用。正像杰利亚宾指出的那样,银行坚信用私有化券购买的股票进行的交易能得到巨额收入,在没有清楚的行业和地区政策的情况下,收购了大量没有竞争力的生产企业。但在管理 1993 年获得的私有化企业股权方面,表现得进展十分缓慢,大约在 1995 年底[②]。

银行在收购产权方面积极性的高涨,与采用特殊的抵押拍卖方式有关。按照这种方法,国家预算局使用联邦最吸引人的公司的股权作抵押,获得了商业银行的抵押贷款。针对被抵押的股票举行了招标。根据争夺者许诺的贷款数额来决定中标者,实践中通过以下案例可以看得非常明显:

俄罗斯银行财团包括帝国、银科姆银行、昂纳克希姆银行、首都储蓄银行、梅纳捷普银行和 АКБ 国际金融公司,向俄联邦政府提供了优惠的巨额私有化贷款,在将俄罗斯一些大型盈利企业的股权交给它们作为信托管理的条件下,临时代替预算中计划的私有化进款。

在俄罗斯总统 1995 年 8 月 31 日发布的《关于转让联邦所属财产质押股份的方法》(第 899 号总统令)基础上,以及 1995 年 9 月 30 日签署的《关于管理和支配联邦所属财产股份的决策方法》(第 986 号总统令),1995 年 11 月 2 日签署的《关于 1995 年联邦所属财产的质押股份销售期限》(第 1067 号总统令),1995 年 12 月 7 日签署的《关于转让 1995 年联邦所属财产质押股份的问题》(第 1230 号总统令),1995 年 11 月 4 日到12 月 28 日之间,俄联邦财政部同中标的有权签署联邦所属财产质押股份贷款合同和委托销售的股东签订了 12 份抵押股份的贷款合同。

1995 年底,审计部门根据对私有化机构(俄罗斯国资委、俄联邦财产基金会和联邦破产管理局)活动检查的结果向俄联邦政府代表、俄罗

---

① Ministry of Ownership Transformation, Dynamics of Privatisation, Warsaw, 1996, №27.

② Дерябина М. , "Реформа отношений собственности в России", *Politekonom*, 1996, №1, С. 44.

斯国资委代表、俄罗斯联邦议会和国家杜马代表、俄联邦总检察长和俄联邦司法部门递交了信函，信中提出了抵押拍卖无效，必须拒绝这一措施的看法。特别指出，通过转让联邦财产质押股份获得的贷款数额等于联邦预算中暂时闲置的外汇资金数额，而这时俄罗斯财政部将它放在了商业银行的账户上，中标者已经将这些资金进行了抵押拍卖。

例如，俄罗斯财政部的闲置资金暂时是这样分配的：

在股份银行"帝国"中，数额为8000万美元，在两次贷款合同总额为4830万美元的情况下。

在"首都储蓄银行"中，数额为1.371亿美元，在信贷数额为1.003亿美元的条件下。

在"梅纳杰普银行"中，数额为1.2亿美元，在两次贷款合同总额为1.63125亿美元的情况下。

按照1995年8月31日签署的第889号总统令批准的《贷款合同的义务条件》，借款人无须指出财政年度就可以按照贷款合同从联邦预算资金中偿还债务。然而在所有的贷款合同中都提到，债务可以从1995年联邦预算资金中偿还，实际上意味着以下几点：代替转让质押股份的，是临时利用联邦财产，实施了出售股份的计划。向国家提供信贷的银行就能够直接或者通过间接身份，成为它们手中持有的国有企业质押股权的所有者。

对于使用这种方法可以这样评价：

——从法律观点看，这是以股票作抵押并有权继续出售抵押对象的贷款合同。

——根据证实的世界交易标准和程序：a) 这是同早先成立的银行之间的一场直接谈判。b) 在某种程度上有担保的承保。

事实上，这是一种隐蔽的企业股权自我赎买，或者有兴趣的银行（金融工业财团）在收购股权。

按照俄联邦审计部门的结论，俄联邦用国有企业抵押贷款交易可以被认为是虚假的，因为银行是用国家的钱向国家贷款。

人们曾经幼稚地以为，在拍卖概念的背后意味着市场竞争的起点和开端，实际上仅仅指的是直接卖给提前知道消息的购买者。在这种情况下，价格要比实际出售时潜在的价值低得多，或者只是形式上的抵押，之所以价格自动降低，是因为对很多企业的拍卖禁止外国人参与。

抵押拍卖使俄罗斯银行得以绕过当时对战略上重要的项目进行私有化

实行的限制，以及很多反垄断措施，它们成了巩固金融工业财团的最有力的工具。这些金融工业财团根据 1998 年国家登记的目录清单，总共有 72 个。它们联合了大约 1500 个企业和机构，大约 100 个金融信贷机构。在金融工业财团用来聚集资产的机制中，有：

——假私有化手段（如抵押拍卖等）。

——公司有价证券二级市场交易。

——债务转化为财产并商业入股。

——得到破产过程中被清算企业的资产。

——交叉认股。

——通过信贷政策控制和管理账户。

——在剩余的私有化过程中参与普通交易。

——允许管理国有股权（通过国家控股委托管理等）。

银行在好企业私有化过程中的特殊作用，是俄罗斯货币私有化阶段具有的一个特点。

在新私有者结构中，自然人即外部投资者占有一定的地位。他们可以分成两类。第一类不是很多，由自由企业主构成，他们拥有为数不多的企业股权，为的是获得红利或者在市场上做投机交易。这一类人对企业管理完全不感兴趣，他们的兴趣仅限于获得红利。这类代表多数可以在匈牙利和波兰等国家遇到，这些国家由于多年的改革，已形成了市场游戏规则，市场制度在很大程度上也促进了与个体私有者的往来。

第二类是更加复杂的构成，由那些表面上与企业没有共同利益的人组成，也就是说，他们不是企业的工作人员，但是同企业保持着十分密切的联系。这就是原企业的领导，或者是控制企业以及试图对企业形成完全控制的企业领导的同盟，或者是追逐同样目的的个人组织。

在这两种情况下，这类股东的兴趣和战略完全取决于站在其身后的人物的立场。皮斯多尔带来的数据表明，俄罗斯 88.6% 的股份的出售都绕开了正规市场，是通过地下途径完成的[1]，这一数据让我们对这种现象的规模产生了很直观的印象。

---

[1]　Pistor K., "Privatization and Corporate Governance in Russia: An Impirical Study", *Privatization, Conversion and Enterprise Reform in Russia*. Ed. by M. McFaul, T. Perlmutter, Stanford University, Center for International Security and Economic Reform, 1994.

企业领导实际上不仅控制了企业本身，也控制了股票的外部流通（也就是金融市场）。杰利亚宾纳指出了个体私营资本参与国有财产的最初分配存在估计不足的问题。站在收购企业的劳动集体背后的人，正是拥有私人资本或者打算得到便宜贷款的（占所有收购交易的10%）自然人。

俄罗斯只有小私有化项目的10%被自然人合法地得到了（不是工作人员[①]）。在绝大多数情况下，购买企业花费的资金带有地下的特点（不少带有犯罪的特点）。犯罪的行为准则正在向组织企业渗透，存在大量的逃税现象，社会和劳动立法也被破坏[②]。

（三）外国投资者及其在经济中的特殊作用

应当承认，外国投资者在中东欧国家经济私有化过程中起到了一定的作用。外国资本是通过直接投资和有价证券投资参与私有化的。这可以完成下述四个任务之一：

——占领国内市场，或者通过建立分支机构和组装生产推动西方商品进入东方市场，或者将消费市场的民族企业私有化。

——保证获得自然资源。

——降低生产成本，提高工作效率，通过利用国际劳动分工市场的国家相对优势（具有廉价的熟练劳动力因素、发达的市场基础设施等）。

——获得战略性资产。

外商直接投资的第一个任务对于中东欧国家包括俄罗斯是非常重要的，意思是占领2亿人的市场。国外专家也指出了这一点。"外商在中东欧的主要兴趣在于经营早已存在的市场，在于不让自己的生产竞争对手在自己的市场或其他国家扩展。"美国著名经济学家阿姆斯戴因和因特利里·卡达尔以及马金达伊尔、泰罗尔写道[③]。

通过外资参与私有化占领的国内市场首先是化工和石油化工企业、橡胶制作和塑料生产方面、食品、烟草、酒水工业，甚至轻工业和化学日用品等好企业。

[①]　Дерябина М., "Реформа отношений собственности в России", *Politekonom*, 1996, №1, C. 44.

[②]　Там же., C. 24.

[③]　Амсден Э., Интрилигатор М., Макинтайер Р., Тэйлор Л., *Политическая экономия разватия о стратегии эффективного перехода*, Москва：1995, C. 19.

获得自然资源是外商直接投资的唯一目的。事实上，他们仅限于向罗马尼亚油田和俄罗斯的燃料动力综合体的发展投入资金。

外商直接投资的第三个任务呈现出形形色色的画面。这一方面考虑到了国家在国际劳动分工中的相对优势。转型初期进行的研究表明，后社会主义国家的劳动力市场在数量指标和质量指标上，对于外商都是很有吸引力的。这些国家劳动力资源的特点是很高的熟练劳动力比例和很低的劳动力价值。这些国家在 90 年代初的地区平均工资占西欧平均工资的 10%——40%。这样的劳动力市场不仅刺激外商向劳动密集型工业领域投资，也刺激其建立了复杂的技术密集型生产。然而国内劳动力工资和外商向当地投资的吸引力之间却不存在直接的相关关系。例如，在捷克和波兰转轨初期劳动力工资很低的事实（每小时 1.25 美元，比德国低 1/7），吸引的外商却比斯洛伐克和匈牙利还少，这两个国家平均计时工资分别为 3 美元和 2 美元。正如分析所示，第一种情况是由于较低的劳动生产率，而波兰还存在罢工的危险①。

最后，外商直接投资的第四个任务在一些国家被法律制止了一段时间，1995—1996 年又开始活跃了起来。正如前面已经提到的那样，后社会主义国家最初战略上重要的领域和企业都被纳入私有化的范围。第一个放弃对这些领域保留国家调控的国家是匈牙利，1995 年末进行了六个地区配气企业的私有化。它们的财产被德国（鲁斯卡斯和巴伊叶林维尔克）、法国（法兰西天然气）②和意大利（意大利天然气）的公司瓜分。产权的销售比例为 50% +1，同年 12 月又进行了两个发电站和六家本领域国家垄断配电网私有化的投标，结果 46.8% 的垄断资产转移到了德国、法国和比利时的私有者手里。同一时期，匈牙利还出售了通信领域大型国有垄断企业——马塔夫公司 38.09% 的股份，1995 年积极开始了匈牙利大型银行的私有化，1997 年中期基本完成，60% 以上的国有银行部门掌握在外国人手里③。就这样，匈牙利成了中东欧国家经济战略重要领域私有化的典范。

---

① Jermakowicz W. , *Foreign Direct Investments in the Central European Privatization Process*: *Facts and Issues Case Research Foundation*, Warsaw: 1994, p. 98.

② 一个值得特别注意的事实是，法兰西天然气公司是 100% 股份的所有者，意大利天然气公司也是一家国有公司。

③ Bank és Tőzsde, Bp. , Okt. 3, 1997.

正如外国专家证实的那样，"作为中东欧国家投资的条件，大型外商要向他们提供费率优惠和有利的税率。尽管摆脱补贴的经济环境是过渡经济的主要目的，中东欧国家向西方大型投资者提供的优惠待遇实际上破坏了这一领域的竞争。软弱的中东欧国家政府不能有成效地同机智耐心的外国伙伴进行交易，因此大多数在这种条件下进行谈判的外商，实际上隐藏着巨大的补贴、卡特尔协议和对潜在的竞争对手十分不利的条件，但是表面上是不明显的"[①]。

由于在所有我们观察到的四个方面实现了外商直接投资，私有者国外常驻代表在控制中东欧经济中开始发挥重要的作用。

外国直接投资大规模地涌入中东欧国家，增进了广泛参与私有化的可能性。私有化的效率在很大程度上表现为是由外商直接参与决定的。根据波兰中央局外资流入的数据，这些外国投资大部分流向购买私有化企业的股份和股权（从1995年的50%到2000年的90%），这在国有资本匮乏的条件下，为私有化企业的现代化、提高生产效率和管理质量创造了前提条件。

外国资本在匈牙利经济私有化中也表现出很大的积极性。外商得到了广泛参与私有化的许可。按照《关于出售国有企业财产的法律》，递交私有化的基本要求是能够组织和吸引外国资本，特别定位在战略（专业）投资者，结果在1990—1999年间，通过私有化吸引了2/3到3/4的外资[②]。

2004—2005年的统计结果是，匈牙利大约一半的国内生产总值是由全部或10%以上是由外商企业保证的。它们的出口份额和进口份额提高了80%，如此强大的外资流入，在国内经济一体化条件较差的条件下，而且在这样一个特殊的内陆国，在匈牙利经济中无疑起到了主导作用，也为讨论20世纪90年代匈牙利发生的经济二元性提供了依据：存在两个彼此独立的部门（甚至在地理上，通过利用自由海关领地），其中一个较发达、现代，主要发展出口业务，且主要属于外国产权。另一个是传统的、由国内民族企业组成的，它的经营和生产活动的特点是较差的经济指标。

①　Амсден Э.，Интрилигатор М.，Макинтайер Р.，Тэйлор Л.，*Политическая экономия развития о стратегии эффективного перехода*，Москва：1995，С. 20.

②　Antalóczy Katalin – Sass Magdolné. Vállalaton belüli kereskedelem a világgazdaságban és Magyarországon：elméleti keretek，nemzetközi tendenciák，magyarországi Jellegzetességek，külgazdaság. 2002，No1，53. old.

这两个部门经营效率的差距从那时起一直在拉大。例如，2002 年外资企业中，一个充分就业的生产者创造的附加价值比国内平均水平高 1.7 倍，工资水平高 1.6 倍。

从 1997 年起，外资企业稳定地为匈牙利经济的经营部门创造了近乎一半的附加价值，大约提供了 30% 的就业岗位①。匈牙利几乎 70% 的加工工业处于外商的控制之下（包括 90% 的汽车制造和化学工业、80% 的电子工业和设备加工、2/3 的食品加工），还有 90% 的电子通信，70% 的金融部门，超过 50% 的批发贸易，几乎一半的电能综合体，全部石油加工工业和焦炭生产，水泥，造纸，印刷，制糖，糕点，烟草，榨油，冷饮和矿泉水生产，啤酒酿造，高速公路建设，丙烷丁烷罐装加油站网，电灯泡生产和老电灯管生产，日用冰箱和硫磺酸等。② 从 1994 年起，匈牙利所有经营管理部门的投资 60% 是由外资保证的。

波兰经济从 1997 年起明显加快了外商直接投资的流入，这直接与当时活跃的私有化过程有关。根据有关股份的条文，外商在波兰的投资增加更快，也就是说，外商很愿意参与波兰企业的私有化。1999—2000 年，波兰外商投资总额在与私有化有关的投资中约占 1/3。然而到了 2000 年，外商向私有化的直接投资已经减少到 25.5%。2001—2005 年外商参与私有化直接投资的规模下降趋势仍在继续。这与波兰私有化进程放缓有关，其中部分原因是，能够为国内和国外投资者提供巨大利益的主要财产都已经私有化完了。被私有化的企业经常是垄断性的，缓慢和漫长的进程降低了私有化的平均规模。

外商加快波兰私有化直接流入，首先是由于取消了他们参与大型银行非国有化的限制。这一方法的起点是 1998 年出售投资银行和邮政银行时，将 29.6% 的国有股权出售给了日本银行集团诺木耳，1999 年 64% 的捷克斯洛伐克商业银行国有产权被比利时的银行 KBC - NN 私有化。2000 年捷克 52% 的储蓄银行国有股权卖给了奥地利厄斯特银行。2001 年捷克最后一个国家参股的大型银行——商业银行实行了私有化，法国银行社会总集团以中东欧地区交易中领先的数额——11860 亿欧元成了捷克这家商业银

---

① Antalóczy Katalin - Sass Magdolné. Vállalaton belüli kereskedelem a világgazdaságban és Magyarországon：elméleti keretek, nemzetközi tendenciák, magyarországi Jellegzetességek, külgazdaság. 2002, No14, 16. old.

② "Who is Who in the Hungarian Food Industry", *Agrármarketing Centrum*, 2001, p. 13.

行股权的所有者。

通过外商的私有化，基本上改变了捷克银行体系的产权结构。2002年1月1日，在38家运行的捷克银行中，国外资本控制了16家，有10家是外资银行的分支机构①。国家只对两个专业银行保留了控制——捷克出口银行，它主要面向于支持出口，另一个是捷克莫拉斯维亚担保和发展银行，特点是对中小企业主提供金融支持计划。外资资本在捷克银行总资本中的比例达到70%，国家银行业总账面价值中几乎95%不得不分布在主要资本是外国资本及其分支机构的银行中②。

随着1997年罗马尼亚自由化政府执政，取消了重要战略领域和特殊企业私有化的限制，以及外国常驻机构获得国有资产的限制，加强了对外资企业的税收和关税优惠。国有资产基金会取得了同任何一个外国自然人和法人签订有关买卖资产和股权合约的权利，甚至为了拓宽潜在购买者的范围，有同著名国际投资基金会签订协议的权利，外国资本开始积极地活动于证券市场，在一定时期内完成了证券交易额总量的50%—80%。

为了更快地实现同跨国资本的一体化，罗马尼亚开始着手储蓄债券的发行，通过国际投资基金会对几乎100多家各种结构的工业资产进行私有化，包括在加拉茨市和特尔哥维什特市的金属联合体，比捷什奇市的大型汽车制造厂、国有石油公司，等等。1997年进行的一系列出售控股权的公开证券拍卖③，使西方公司成了大型石油化工企业、水泥、滚珠轴承、食品、电子技术工业、海洋捕捞公司的所有者。罗马尼亚银行体系开始的私有化调动了西方大型金融机构的积极性，其中很多机构成了罗马尼亚商业银行的合伙所有者，开辟了自己的分部和代表处。

斯洛伐克和保加利亚经济中的外商直接投资规模在不断积累的情况下逐渐发展。还有斯洛文尼亚，在那里外商将被限制参与公共产权的私有化，但也走上了创建私营企业的道路。中东欧国家60%的外商直接投资集中在波兰、匈牙利和捷克，见表10。外商直接投资的累积数额2005年按居民人均计算，捷克达到4900欧元，匈牙利为5000欧元，爱沙尼亚为7400欧元，斯洛伐克为2400欧元，斯洛文尼亚为3000欧元，克罗地亚

---

① *Rocenka financniho a kapitaloveho trhu v CR* 2001. Pr. , 2002, S. 9.

② *Vyrocni zprava Ceske narodni banky za rok* 2001. Pr. 2002. S. 61.

③ Bursa, Okt. 17, 1997.

为 2500 欧元，波兰为 1800 欧元，拉脱维亚为 1700 欧元，立陶宛为 1500 欧元，保加利亚为 1100 欧元，罗马尼亚为 800 欧元，与此同时，俄罗斯只有 558 欧元①。

外商作为经济主体的所有者出现在中东欧国家的直接投资中，具有怎样的优势？正如分析所示，这在很大程度上取决于外商参与私有化的形式、条件和吸引他们的发起人，以及外商投资者追求的目标。一般外商直接投资的好处是：

——出现用于企业发展补充资金的可能性。

——获得现代的生产秘密和科技。

——加快企业重组。

——增强国家出口能力。

——提高经营管理文化和专业技能。

评价外资向中东欧国家的流入必须在欧盟成员和预备成员的背景下。大多数国家——新成员或者候补成员（波兰和斯洛伐克除外）认为，它们吸引的外资越多，越是感觉到被欧盟一体化了。

表 10   **外商直接投资**   （百万欧元）

国家	净流入/流出				累计规模
	2000 年	2001 年	2002 年	2003 年	（2005 年）
2004 年加入欧盟的国家					
中欧					
匈牙利	1834	2889	908	-600	50000
波兰	10334	6372	4371	3500	48000
斯洛伐克	2089	1763	4260	600	13000
斯洛文尼亚	149	412	1701	150	6000
捷克	5404	6296	9887	4000	70000
波罗的海沿岸国家					
拉脱维亚	445	182	407	350	4000

---

① Podkaminer L. et al. "Strong Growth, Driven by Exports in the NMS and by Consumption in the Future EU Members", *WIIW Research Reports*, February. 2006, №325, pp. 4 – 5.

续表

国家	净流入/流出				累计规模
	2000 年	2001 年	2002 年	2003 年	(2005 年)
立陶宛	412	499	772	600	50000
爱沙尼亚	425	603	307	800	10000
2007 年加入欧盟的候选国家					
保加利亚	1103	903	980	1270	3600
罗马尼亚	1147	1294	1212	1300	9200

注：保加利亚和罗马尼亚外商投资累计规模为 2004 年初的数据。

数据来源：podkaminer L. et al. Transition countries on the Eve of EU Enlargement //WIIW Research Reports. February 2004. №303. p. 15，16；Podkaminer L. et. al. Strong Growth, Driven by Exports in the NMS and by Consumption in the Future EU Members//WIIW Research Reports. February 2006. №325. p. 19.

　　然而，外商参与后社会主义国家私有化带来无可争议的正面影响的同时，也伴随着负面过程。很多国家都发现了外商获得产权的企业是它们潜在竞争对手的情况，目的是为了使对手处于自己的控制之下，或处于自己的清算之下。

　　应当指出的是，中东欧国家资本的流入弥补了往来账户的不足，而以退出投资的利润和红利的形式发生的资本流出少得可怜。然而在一些外资扎根的国家，资金抽逃的比例在不断增长。已经被证实的国际经验强调，高水平积累的外商直接投资在停滞或衰退的时期，会伴随着资本抽逃超过资本流入的过程。2001 年斯洛文尼亚资本抽逃（来自外商直接投资的收入）占资金流入水平的 73%，1997 年为 24%，匈牙利分别为 50% 和 21%，捷克分别为 18% 和 4%[①]。

　　中东欧国家的外商直接投资对贸易平衡形成的影响各不相同。很多国家的经验证实，较高的外贸平衡赤字比例与外资参与的公司的比例正好吻合。特别是在投资项目初期和进口设备的广泛使用后，但在随后的消极过程中，能够借助出口供应的效率和数额的增长弥补一些。如匈牙利，1996 年外商参与的公司比例在出口企业中占 69%，在进口企业中占 70%，而

────────

　　① Podkaminer L. et al. "Strong Growth, Driven by Exports in the NMS and by Consumption in the Future EU Members", *WIIW Research Reports*, February. 2006, №325, pp. 4 – 5.

在发生贸易赤字的构成中占 81%。到 1997 年，前两个指标的相互关系发生了变化，分别为 74.11% 和 46%[①]。

外资对国家经济的影响问题值得注意。它对发展生产或其他经营活动的作用，它的效率和就业保障在国家之间有很大不同。而且总的来说，外资直接投资在地区投资总额中的比例提高太快，在总量上资本的构成在 1994 年增加了 8.8%，2000 年达到 17.6%，在匈牙利表现出外资在资本中的地位最明显，占投资的 50% 以上，随着外资的参与，利润高达 70%。外资比例为资本构成的 11% 的斯洛文尼亚利润也保证在 34% 以上，处于有利地位。外商成了主要的出口产品生产商。例如，捷克由外商参与的公司保证了 60.5% 的出口，匈牙利为 88.8%，波兰为 59.8%，斯洛文尼亚为 30.3%。外资在解决就业问题上作用较小一些。

一般情况下，外国公司的私营企业和分支机构在中东欧国家保持着比当地企业较高的劳动生产率水平。它们利用垄断和技术优势，还有经常提供的优惠待遇，把组建的公司或分支机构建在私人组织机构里，外商获得了当地市场和外国市场上的竞争优势。中东欧国家外资公司的劳动生产率比当地公司平均高出两倍，这种超前地位是借助技术、管理和促销优势取得的，更加明显的是绿地性新开发建设，通过再投资得到了越来越广泛的宣传。

外国投资在中东欧的高效率促进了加工工业资本密集型行业的集中。在所有国家和地区经济中生产投资增加最快。工业领域集中了 40%—47% 的外商投资资本，其中包括加工行业，占 35%—40%[②]。

在很多地区，汽车制造工业是外商直接投资的最大受益者，把"施柯达—阿乌多"30% 的股权出售给康采恩"佛里克斯瓦金"保证了捷克经济数目可观的进款。"阿乌吉"和"苏主吉"公司对匈牙利汽车工业的投资，有 PSA 参与的斯洛伐克项目证实了资本市场行业地位的提升。

被世界经济危机现象触及的电子工业却形成了另一种情形。在同外资公司密切合作的条件下形成的行业被直接卷入经济衰退和生产重组的过程，并伴随着经济增长和出口的缩减。

① Pitti Z. , Tht role of corporations in putting the Hungarian economy on a new development path, Budapest : College of Management, 2000.

② Countries in Transion, 2002, WIIW Handbook of Statistics, 2002.

外商直接投资吸引领域的变化，个别国家结构变化的差异性特点，直接取决于他们适应新投资的心理准备和一体化进程中的吸引程度。发达的中东欧国家加入欧盟对外国投资结构的变化产生了积极的影响。在捷克、匈牙利、波兰和斯洛伐克、斯洛文尼亚，投资者对物质技术保证体系和科研设计实验工作，以及能够给附加价值很高比重的活动领域表现出越来越浓厚的兴趣；考虑到新的机会，未来的欧盟成员积极地在自己的投资政策中按照欧盟的要求带来新的变化，在这种情况下，必须拒绝对投资者的优惠，他们试图用降低公司的利润税来补偿。2004 年税收水平已经低于欧盟的平均水平[1]。

为了保护民族产业的安全，允许外商进入经济的程度问题在这些国家引起了激烈的争论。对这一问题的回答是各种各样的。如匈牙利认为，最大限度地向外资开放自己的经济，是与欧洲一体化实际结合的重要工具。应当指出的是，没有私有化，经济对进口战略重要原料、成套设备、电能等供应的依赖（进口依赖达到 80%）仍然是相当高的。

罗马尼亚和保加利亚在现代发展阶段，仍然坚持尽可能快地把它们想出售的一切卖给外国投资者的政策。按照国家发展署（负责引进外资的机构）代表指出的官方观点，"没有真正外资的罗马尼亚改革是没有机会的"[2]，1997 年罗马尼亚经济中外商投资的总额终于超过了 350 亿美元，其中 16% 为直接投资，外商参与的公司达到 5.5 万家。

将国有财产卖给外商的过程在捷克和波兰活跃起来，然而国家还是试图将一些企业的控股权保留在自己手中，从国家经济安全的角度考虑，这些企业是最重要的。在这种情况下，在私有化的下一阶段扩大外商直接投资的愿望和必要性凸显出来。

斯洛文尼亚在最先被推向市场改革的国家中，表现出对于吸引外资参与私有化的坚决态度，这些在私有化纲要中都有所反映[3]。

为了保护本国货币的稳定，斯洛文尼亚的银行在 1997 年提高了贴现率，实际上限制了外国投资特别是证券投资的涌入。这一行为引起了欧盟领导人的强烈反应，一些人声明，如此强硬的对外资活动的管制、对一些

---

① БИКИ, 2003, №123.

② Adevărul. Okt. 20. 1997.

③ ИТАР – ТАСС, Компас, 1997, №26, С. 39 – 40.

外国常驻代表直接投资的限制，很不符合那些放弃国家管制准备加入欧盟和经合组织的国家形象。在斯洛文尼亚，外资的增长确实因为有可能失去对工商业关键部门的控制而使很多人不安，这也是斯洛文尼亚议会推迟批准 1996 年中期签署的关于《接受斯洛文尼亚为欧盟准成员》条约的一个原因。

我们研究了中东欧国家私有化过程中形成的私营所有者的结构，按照世界银行首席专家格列伊的观点：不能认为每个中东欧国家使用的私有化方式都是适宜的，由于它的实施，产权或者是非常分散的，或者集中在那些没有能力或者不愿有效使用它的人手里①。

克里斯蒂安·冯·黑尔斯浩金在第四届弗莱堡国际经济研讨会上表示，辨别产权最重要的第一步是企业公司化（在建立产权的意义上），在所有中东欧国家实现得非常迅速，然而被理解为培养新的私营企业主的私有化却只是有限的规模。仅仅在原社会主义企业的新私有者之间首倡重组是远远不够的，经验表明，除此之外还应开辟改革、适应和重组上述遗留企业并使其走上新型高效企业的途径。

根据科斯定理②，从经济效率观点看，产权的初始分配无关紧要，只要界定得清楚明晰，并且可以在完全竞争市场上交换。换句话说，"如果立法者能够清楚地界定产权和合同义务，司法机构监督执行，那么私人代理机构也能在自己的活动中取得效率"③。但是，如果将这一定理运用到过渡经济情况下，应该这样阐释："旨在建立市场经济的政府，首先应该建立有效的法律制度，借此清楚地界定便于保护和交换的产权。如果政府在最初的产权分配中犯了错误，按照科斯定理，私人机构可以在自由交换过程中通过签订相应的私人契约来纠正这个错误。"④

然而，由于在过渡经济中对产权最初的界定远不是完整的，证券市场的不成熟严重地阻碍了产权的交换，这需要一定的成本，产权交易费用实

---

① Gray Ch., "In Search of Owners: Privatization and Corporative Governance in Transition Economies", *The World Bank Research Observer*, 1996, Vol. 11, №2.

② Coase R., "The Problem of Social Cost", *The Journal of Law and Ecomomics*, 1960, Vol. 3, №1.

③ Cooter R., *Cozse Theorem*, *The New Palgrave: A Dictionary of Economics*, Ed. by J. Eatwell, M. Milglate, P. Newman. L.: 1987, p. 458.

④ Rapaczynski A., "The Role of the State and the Market in Establishing Property Rights", *Journal of Economic Perspectives*, 1996, Vol. 10, №1, p. 89.

际上不等于零。而在规范化的证券市场之外，有关产权交易的费用更高，因此在过渡经济中形成的公司治理结构在很大程度上是由路径依赖效应所决定的，其中包括对国有企业私有化方法的反映，私有化的法律基础，还有那些建立（或未建立）的、能够缓解"所有者—经理人"问题（即委托—代理问题）的制度，等等。

三　私有化的经济效率

20 世纪 80 年代末 90 年代初，当中东欧国家制订私有化纲要的时候，改革者们以为，私有化的企业作为私营企业的同义语，总是会比国有企业工作得好，因而实行私有化本身将成为经济增长的动力[①]，认为激进的私有化将足以完善经济状况，因为私有化将会自动导致经济中竞争市场的出现。未私有化的经济部分在这种情况下，将会在破产的威胁下被迫完善自己的职能。

而实际过程要比这复杂得多。

（一）私有化企业的活动效率

在大多数市场经济条件下，公司内部实现的管理职能，在计划经济中与行业部门的职权范围有关。行业部委负责协调生产联合企业和单个企业之间在垂直方面和水平方面的相互联系，其中单个企业或者处于他们的监督之下，或者处于协作部委的监督之下。几十年来这些部委的主要任务就是使单个种类产品的生产集中在为数不多的企业中，而且俄罗斯的企业通常是经过城市规划的。

私有化的主要任务被简化为通过打破横向和纵向的联系再重新一体化的方法对构成原社会主义经济的生产企业进行重组，从而使总的交易成本和管理成本最小化，这一过程极其复杂。

---

① 俄罗斯著名自由主义经济学家彼亚肖娃的观点较独特，其全部理论的主旨是快速无偿地分配财产。丘拜斯在自己的著作《俄罗斯式的私有化》（Москва：Вагриус，1999，С. 152 – 153）中回忆道："我还记得，她（彼亚肖娃）在回答应该怎么办的问题时说：'需要让财产管理委员会的工作人员们坐在舒适温暖的地方，喝着热茶，什么也不要做。然后快速地启动私有化，用两到三个月的时间把一切都分给劳动集体。'这种最简单的方法的依据是意识形态上的设计，意思是国家管理明显是无效率的。只有私有制才是有效工作的机制，因此任何转让机制、价格机制、收入规模都是毫无意义的。重要的是财产分配事实本身，越快越好。"

波兰学者分析了私有化企业最初几年（1991—1993 年）的运行情况之后，指出了私有化和重组之间缺乏明显的相关性[1]。他们指出，对变换了所有制形式的企业进行重组，通常从建立自己特有的营销和销售网络开始。而这些措施还在国家管理的时候就已经开始启动，私有化后并没有跳出结构改造的框架。在产权改革初期，在部分私有化（如租赁场地、租借固定资产，等等）范围内成立的小经营组织实际上并没有涉及重组。

波兰研究者们[2]发现，企业发展中的一些重要环节首先取决于资金状况而不是作为运行基础的所有制形式，那么不管所有制形式如何，较为成功运行的企业显示出较少减少就业岗位，而在某些情况下甚至会增加就业岗位。

在固定资产合理化的问题上，发现存在这种相关性。出售或转租固定资产的积极性主要被企业的资金状况所限定，在发展初期，大多数私有化企业倾向于出售或转租自己的固定资产，缺少研究有效利用固定资产这一理念。

按照波兰学者的看法，上面列举的私有化企业的各方面状况，反映了大多数企业在转型初期阶段缺乏市场经济条件下的发展战略。"波兰私有化企业的现实经济表明"，正如格旦斯克市场经济研究学院的报告中指出的那样，"私有化本身，甚至在私有者和法律程序具体化方面最成功地实施了私有化的情况下，仅仅是生产领域变化过程中的一个前提，而且应该服从于市场重组或者结构改造这一更加广泛的计划"[3]。

在我们看来，有充分的理由要小心那种不考虑企业运行环境（获得贷款的可能性，实现投资的水平，机器状况，地理位置，企业的社会状况，等等）就对私有化企业和非私有化企业之间的活动效率进行比较的尝试。不要忘记，中东欧国家私有化初期阶段首先涉及的都是最有效率的企业，而且很多私有者实际上是免费得到它们的。

正如我们认为的那样，评价私有化对企业活动效率的影响，用利润指标或者劳动者工资水平来表现是不可能的。理由很多，首先企业总的资金

---

[1]　在对上述问题的分析中，我们使用了波兰科学院格旦斯克市场经济研究所和总管理委员会的报告，以及一些研究所的研究结果。

[2]　Prywatyzaciaszanse i Zagrozeni, Pod redakcja M. Jarosz, W - wa：Instytut Studiow Politycznych PAN, 1993.

[3]　Там же.

状况的改变不能作为评判产权改革对企业发展产生影响的标准。应该经过对那些诸如强化竞争，整个国家的经济状况等外部因素的影响进行一系列修正后，再对这些数据进行研究。在 90 年代初十分困难的转轨危机的情况下，所有中东欧国家的大企业仍保持着不高的正的利润水平，甚至可以认为是一定程度的成功。研究表明，如今经营主体的状况在很大程度上依赖于其影响范围以外的因素——取决于需求障碍、贷款价格、运输费用，等等。

应该注意，大多数比较不同所有制企业或者通过不同方式私有化的企业效率的研究者都依据一个共同的前提，根据这一前提，我们指的是在合法范围内运行、能够提供自己实现经营成果的真实信息的企业。然而公司法律空白和腐败机会的存在，实际上会歪曲事实的本来面目。安德烈夫公正地指出，各种各样的红利、奖金、特权和贿赂等，完全可以用另一种办法同内部人和外部人[①]联系起来，比委托代理模型中假设的那些东西更有效。这使得利用利润标准变得毫无意义，更不用说由于不完全竞争扭曲了利润标准。例如，利润低往往反映了内部人和外部人之间为了逃避税收隐瞒利润而形成联盟[②]。

根据转型改革的成熟程度，通常在比较评价国有企业、私有化企业、新成立的私人和外资企业效率时，会考虑到这样一些因素，如存在竞争环境、在国内市场还是国际市场经营，等等。研究表明，在从事出口的中东欧国家企业中，生产要素的生产效率比从事国内市场活动的企业高 10%，而按单个工人核算的销售规模高出 17%[③]。欧洲复兴和发展银行的研究指出，市场竞争越激烈，公司的效率越高[④]。

随着转型过程的发展，研究者们的兴趣越来越集中到私有化具体方法的效率评价上来，这些方法的利用事先决定了具体企业的资本结构和私有化后经营主体管理体系的特点。然而尽管很多研究者从事过渡经济条件下产权、公司管理和效率相互关系的研究，可是他们的研究结果是矛盾的，无法令人信服，而这种互相排斥的观察结果还在不断增加。

---

① Андрефф В.，"Постсоветская приватизация в свете теоремы Коуза"，*Вопр экономики*，2003，№2，С. 132.

② Там же.

③ Transition Report 2005，EBRD，2005，p. 85.

④ Same as above，p. 86.

那么，关于中东欧过渡经济国家私有化效率的研究，排除波罗的海国家（12 项研究）和包括俄罗斯（6 项研究）在内的独联体国家，得出了以下基本结论：（1）私有化改善了公司活动结果。（2）巩固加强的私人所有制、外资企业，甚至有外国私人冻结股权的股份制比其他选择方案更能保证有效的重组。

启扬科夫和穆列尔在分析转轨国家 100 家私有化企业的基础上得出了关于重组过程中不同私有化模型有不同影响的结论[①]。他们的结论与麦金松和聂戴尔[②]关于国有制与其他任何所有制比较效率最低的结论相一致。然而他们还发现了另一个令人难以置信的事实，在企业部分私有化并拥有国家股权的情况下，比为了内部人而私有化和分散的外资产权条件下更加频繁地进行大规模重组。投资基金、外商以及外部控股权持有者在存在模糊不清的个体产权情况下倡议更深一级的企业重组。

来自著名的咨询公司普华永道的分析是，对 100 个企业领导和公司创办人进行的调查表明，西方投资者拥有的企业所处的状态最好，它们从一开始就有明确的重组和发展战略。那些有利于劳动集体和经理私有化的企业拥有十分不明确的资本结构和不太有效的经理监督体制，在缺乏市场知识和联系的条件下，比外国私人投资者拥有的公司陷入更加复杂的经济状况[③]。

在经验分析中通常发现，在私有化企业中，定位为维持生存的企业在那些内部人控制的公司中会经常遇到，而外部人控制的公司同国有企业相比有明显的优势。属于外国投资基金会的企业通常运行得比较成功，而那些被国内非金融公司控制的企业看上去差一些。内部人控制的企业比其他私有化企业摆脱过剩劳动力缓慢一些，在成本和收益动态趋势方面它们也更明显落后一些。

这些事实乍一看证实了劳动人员反对企业私有化偏见的依据的充分性。然而波兰工人委员会的经验却证明是相反的。后者对经理实行了控制

① Djankov S., Murrell P., "Enterprise Restructuring in Transition: A Quantitative Survey", *Journal of Economic Literature* 40, 2002, №3, p. 92.

② Vegginson W., Netter J., "From State to Market: A Survay of Empirical Studies on Privatization", *Journal of Economic Literature* 39, 2002, №2, p. 89.

③ Frankfurter Algemeine Zeitung. 25 Mai. 1993.

并阻止了自发私有化和出售资产的企图①。波兰工人监督比经理监督更加有效。1996—1998 年波兰研究者指出，私有化企业活动成败的基本源泉不仅与它属于哪个行业有关，也与内部管理结构有关②。外资作为战略投资者的企业所有者，以及属于劳动集体的企业，在重组过程中特别积极和顺利。因此，对劳动集体私有化的企业将会提高工资而使公司发展投资受损的担心并没有得到印证。

启扬科夫和穆列尔在分析 100 家中东欧和独联体国家私有化企业的基础上得出的结论极其有趣。根据他们的结论，不同地区对于同一个私有化战略的反应是不同的。例如，在中东欧国家，有利于劳动集体的产权转让并没有表现出非常明显的效果，然而在独联体国家却是破坏性的。类似的情况在进口自由化事情上也发生了，它对中东欧国家的企业活动结果产生了积极的影响，而对原苏联领土上国家企业的活动却产生了极其负面的影响③。

不能否认安德烈夫关于公司管理和重组互为条件的话题是非常简单的观点。事实上这两个过程的相互关系远远不是很稳固的，并依赖于很多因素，其中一个是公司产权结构的变化④。同样的经济代理机构，会依据所形成的宏观、微观条件采取不同的行动，特别是存在被吞并的威胁、股份在股东之间重新分配、委员会新任命厂长、有兴趣的金融工业财团的出现，以及对贷款者要求的积极性，等等。所有这些因素在委托代理标准模型中都没有予以考虑。

经济私有化水平和经济增长速度之间没有呈现出直接相关性。斯洛文尼亚经济中私营部门的比例比那些实际上不太成功的国家如阿尔巴尼亚、保加利亚、立陶宛和拉脱维亚低（见第三章表6）。新私营部门在不发达的制度环境情况下的发展是非常有问题的，将会加深经济中的危机现象。例如，罗马尼亚在 1997—2005 年间，每年取消几十个私有化的契约，以

① Nellis J. , The World Bank, "Privatization, and Enterprise Reform in Transition Economics: A Retrospective Analysis", *Transition Newsletter*, 2002, Vol. 13, №1.

② Krajewski S. , "Restrukturizacja majatkowa", *Working papers*, INE PAN, №21, W – wa: 2000.

③ Djankof S. , Murrell P. , Enterprise Restructuring in Transition: A Quantitative Survey, Journal of Economic Literature 40, 2002, №3, p. 93.

④ Андрефф В. , "Постсоветская приватизация в свете теоремы Коуза", *Вопр экономики*, 2003, №2, C. 131 – 132.

至于给人们提供了将私有化厅起名叫作非私有化厅的把柄。2003 年根据国家这一机构的数据，260 家以前私有化的企业完成了破产手续，2004—2005 年还有 404 家商业公司。在私有化后宣布破产的企业中间，有唯一一家生产越野汽车的企业 "APO"，生产公共汽车的企业罗卡尔（布哈勒斯特城），重工业机械厂列布不里加，还有另外两个城市的金属联合体。

遇到资金困难和销售市场无保障的新所有者，经常试图将获得的产权转手卖掉，拒绝履行合同义务。2003—2004 年罗马尼亚仲裁法庭审理了大约 12000 个与投资者违反私有化义务有关的案件。1998 年，购买罗马尼亚生产重工业设备的大型联合体之一的英国挪威克瓦纳集团根据财政厅的检查结果被判决没有遵守合同条款，歪曲了企业活动的资金状况。意大利康采恩 "兰蒂尼" 在收购了布拉索夫城市中全国最大的工厂 "特拉克多鲁尔" 后，也没有履行自己的投资义务；类似的情况在布拉索夫城市的重型汽车企业 "罗曼" 也发生了，马来西亚企业主一共用 1 欧元得到了它，但是承担了负责工厂 4500 万美元贷款债务的责任。

国家对私有化后果的评价是非常悲观的。剩下没有解决的问题是交易的透明度，进入可疑公司的障碍，经常变更私有化企业的所有者，没有理由地拍卖资产，经常破坏生产技术的完整性。

然而，从上所述，不应得出关于私有化对经济效率产生反面影响的虚假结论。这里所说的是，它对经济结果产生的间接作用比我们事先预想的要多得多，而它的积极效果只能在满足了一系列附加条件后才能达到。

私有化仅仅是转型改革的一个部分，不考虑其他转型背景就不可能实现，特别是市场制度形成和市场运行机制——竞争机制建立过程中的成就。十分明显，产权、公司管理和效率之间的相互关系，在转型经济条件下在很大程度上事先由调整公司治理过程并使之透明的制度效率决定。这些制度的前提是拥有经验的律师、审计员、会计师和他们的职业协会，还有银行、保险公司、信托公司、信贷和评级代理机构、清算和经纪公司，最后是有效率的证券市场——所有这些，都是降低交易成本和简化产权交易所必需的。

如上所述，正如我们认为的那样，将私有化作为脱离整个国家经济政策框架之外的东西来谈论私有化效率是不正确的。

(二) 私有化的交易成本

科斯定理要求注意各种社会契约的运行成本 (无论是市场的还是行政的), 还有向新体制转型的成本[1]。

分析私有化作为向新经济制度过渡的机制的费用, 我们想关注一个事实, 即这一过程要比官方统计数据基础上想象的成本高得多。私有化以各种各样可能实际存在的交易成本为前提[2], 可以把它们划分为直接微观的和宏观的两种。

应该把微观成本理解为单个企业私有化所必需的费用。任何一个企业的私有化过程都需要时间和资金。私有化的成本或者由国家的拨款资金所抵补, 或者列入了出售产权的所获收入部分。

国家直接抵补成本, 通常是在企业准备出售的时候。成本带有行政性特点并包括咨询服务、发行企业有价证券的费用和开放销售时经纪手续酬金或者个人销售时 (封闭销售) 的手续费用。

企业金融重组的成本是由它们对国家、银行和其他国有企业欠下的巨额债务产生的。偿清国有企业的债务也要算在金融重组的成本内, 国家承担了被私有化的经营主体的义务。金融成本在证券流通周转为资本时产生, 或者在国有企业出售前改变资本结构时产生, 或者在将国有企业改造成国有股份公司时产生。另一类直接成本与国有企业直接出售之前的资产更新和重组有关, 还与实际私有化之前的内容有关。私有化被指望将每一个公司变成稳定盈利的企业, 否则新所有者的权利将会不断受到质疑。没有得到红利的股东将会出售属于自己的股份, 因此拒绝履行对资产的监督, 因此亏损企业的私有化最不可能在经济上有效率。盈利是成功私有化的前提, 因为它能保证正的资产价值, 而且它们容易实现交易。

民主德国的经验表明, 缺乏必要的重组, 投资者极不情愿购买要求昂贵投资的企业, 这就是为什么建议私有化前进行健全改善程序的原因, 很大程度上由联邦政府拨款。绝大多数德国东部地段的企业需要私有化前的健全改善, 表11 的数据证明了这一点。

---

① Coase R. , "The Problem of Social Cost", *Journal of Law and Economics*, 1960, Vol. 3, №1.

② *Techniques of Privatization of State-Owned Enterprises*, 1988, Vol. 3, pp. 8-101.

表 11   根据健全化措施程度的企业分布   (%)

企业资金状况的专家评估	1991 年 9 月	1992 年 11 月
盈利的企业	2.0	1.7
企业很快达到了盈利的门槛，健全化的需要不大	7.0	7.1
有可接受的发展规划，但健全完善的需要很强烈	40.6	41.2
缺乏生产观念，但企业应当健全完善	24.0	24.1
健全完善的能力可疑	9.0	4.9
企业不应完善健全	17.4	21.0

数据来源：Privatization in Poland and East Germany：A comparison. München：Osteuropa – Institut，1995. Vol. 11. p.492.

民主德国最初（1991 年中期）健全化理念取得了发展。按照这一理念，每一个企业在私有化之前都应得到健全完善。预先的健全完善致力于消除企业无支付能力的威胁这一目标。在这种情况下，实行现实重组的任务就落在了购买者身上。在预先健全化的框架下减少了就业人数、研究产品种类、降低专业化水平、出售了企业部分资产，并没有被规定应用有竞争力的新产品、有效率的技术和市场营销手段。

在不断加重的工业危机的影响下，原民主德国在 1992 年初转向了积极完善的政策，其中包括提供给企业增加私人资本的资金和资金结构改革的贷款，还有补偿干部培训的费用、企业管理方面的支持、各种各样的咨询费用。

对后社会主义国家私有化的分析令人信服地显示，企业重组应该作为减少交易成本的方法，并走在私有化之前。它既是私有化组织和管理机构所必需的，又是形成支持竞争的市场结构所必需的。经验表明，任何希望私人所有者承担结构改革重担方面的拖延，都可能转变成后一阶段更加昂贵的国家投资，或者企业保持基本活动面的机会的恶化。对于俄罗斯经济的国防领域，如果没有预先重组进行改革，继而使要求巨额投资的活动合理化，就会转变成很多企业十分悲惨的崩溃、失业的增长、劳动力的非智能化等局面。

很显然，大部分私有化纲要依据的是一个矛盾的逻辑，打算先是把企业私有化，然后依靠新私有者的力量实现重组。

《关于有效过渡战略的发展政治经济学》报告的作者认为，这种忽略重组可能对大量国有企业带来影响的观点是中东欧和俄罗斯最严重的错误。对私有化和市场能力的徒劳期望转化成失去的时间和错过的市场机会，这种市场机会首先同国有企业出口改革最初阶段开始的经济稳定增长相联系，在极其艰难的情况下，无所作为导致了技术熟练程度的下降，并通过失业加重和收支失衡导致企业地位的恶化①。然而不要忘记，世界银行提供工业重组贷款的条件就是私有化，严格禁止对国有部门提供贷款产生了影响。

与旨在反对垄断、提高竞争程度的企业结构重组有关的费用也属于上述成本类型，还有预私有化之前国家为了清理企业造成的外部环境污染产生的费用。这些费用通常会在将企业销售给国外投资者的情况下产生。

与满足私有化企业劳动者社会要求有关的费用应属于宏观经济类成本（例如，退休项目拨款，再培训体系的组织，在其他国有企业或服务部门创造补充的就业岗位，等等）。还有向参与私有化的劳动者提供优惠而产生的费用（例如，免费获得产权份额，或低价并分期支付，等等）。

私有化宏观经济成本的核算也很重要，特别是当我们指的是在中东欧推行的如此大规模的激进的私有化计划时，当时情况下可以划分出以下几类成本：

——直接与私有化项目的计划和形成以及实现有关的费用（例如，专业化服务的组织和运作等）。

——与私有化间接相关的，首先这些费用与私有化对社会分配关系的影响有关，下面将详细阐述。

据我们所知，没有一个中东欧国家的私有化交易成本被统计过。在成本评估的时候，仅仅注意到直接宏观经济成本和一定量的微观经济费用。在我们看来，这为舆论界提供了比实际拥有的要美妙得多的私有化成本图景。例如，波兰官方数据表明，私有化成本和收益之间的比率在不断改善，如果1991年是12.1%的话，那么1995年只有3.3%②。

由于实际上不可能十分清楚地区分私有化成本和转型危机成本，私有化总交易成本评估的任务极其复杂。然而，甚至对个别部分的分析都足以

①　Амсден Э.，Интрилигатор М.，Макинтайер Р.，Тэйлор Л.，*Политическая экономия развития о стратегии эффективного перехода*，Москва：1995，C. 20.

②　*Gazeta Bankowa*，1997，№44.

证明中东欧国家私有化的代价是极其高昂的。

德国东部的企业私有制转轨时,成本是经过充分计算的。众所周知,这里的私有化规定了进行私有化之前的结构改革。还在 1991 年春天的时候,托管局局长布罗伊耶尔指出:"私有化的零结果就是成功。"① 1991年第一批 6000 家企业及其分支机构和车间的私有化就给托管局带来了120 亿马克的收入。而这方面的费用主要是结构重组的费用,超过了 374亿马克。1993 年 3 月,托管局预算赤字已经达到了 2500 亿马克, (1992年估测为 315 亿马克②),到 1995 年私有化完成前还在不断增长。

基于私有化过渡到新阶段的必要性,考虑到国家经济非国有化的效率,罗马尼亚总理纳斯塔斯在 2004 年 1 月参观克拉约瓦市汽车企业时生动地指出:"直到现在,"他说,"私有化一直作为东欧国家政府好的行为的思想证明,把建立资本主义作为它的义务,我们度过了这一阶段。现在我们已经不能把企业卖给那些支付不起价格(至少相当于年度投资数额)的人,只给那些想要证明自己是好样的,并想在资本主义经营方面获得好的评价的人。"③

克罗地亚私有化领域的新战略着重于,为了使私有化企业按照实际的高价格出售进行预备性的财务改善。例如,在农业领域,计划建立农业银行,推行国家农业用地土壤改良计划,确定森林面积清单,将林业经营管理局转变为国家控股的贸易公司,等等。

捷克在出售煤矿和露天矿的过程中,对私有化采取了新的态度。对褐煤煤矿的新私有者提出了相当苛刻的条件:没有政府的同意,新私有化者无权出售财产,五年内私有化煤矿的监督委员会将组织国家代表召开会议,在同国家财产基金会签署购买矿井合约的同时,新所有者不能为了获得贷款而利用获得的股份作抵押,不能减少按照政府要求的开采量和规定的就业人数,对地方发展计划进行投资,等等。如果违反交易合同的条件,将对私有者采取非常严格的赔偿措施。例如,如果新私有者试图利用股份获得贷款,罚款的数额将等同于私有者向国家购买产权的价格,根据规定还可能承认合约的无效性④。

---

① *Handelsblatt*, 12 February. 1992.

② Treuhandanstallt – Informationen, März, 1993.

③ *Adevarul economic*, 2004, №3, p. 3.

④ Havligerová J. , "Prodej dolů: vláda chce jístotu", *Hospodářské noviny*, 8 prosince, 2003.

（三）国有财产私有化获得的资金与分配结构

各个国家在转轨时期获得的私有化数额各不相同。进款规模是各种因素相互作用的结果。因此，很难对表 12 提供的结果得出同样的评价。在私有化收入规模中出现的各种影响因素中，在各个国家实行的私有化的具体方法中，首先是货币私有化和不等价的私有化方法的相互关系，在不同国家外资允许参与私有化的程度，投资环境，私有化过程中徇私舞弊的规模，特别是降低私有化交易价格、腐败，等等。

应该承认，私有化收入在国家国内生产总量的份额，对于私有化成就的评价来说不是可靠的指标，斯洛文尼亚和俄罗斯是私有化收入占国家国内总产量的份额最低的两个国家，但是如果说斯洛文尼亚进款数额不多是国家选择的私有化模式的结果（这种形式的主要做法是，类似劳动集体优惠购买企业，禁止驻外代表参与私有化过程，私人部门的发展依靠从零建立新企业，等等），那么俄罗斯私有化进款数额少，首先是对私有化对象估计不足和滥用的结果，特别是大规模的腐败。我们只要举一组数字，这组数字比一册书更能反映私有化本质：2003 年在印古什地区私有化的费用比私有化的收入高出 2707 倍[①]。

表 12　　　　　　　　私有化的累积收入占国内生产总值的百分比　　　　　　　（%）

国家	1999 年	2000 年	2001 年	2002 年	2003 年	2004 年
阿尔巴尼亚	3.9	7.1	9.3	9.3	9.5	11.3
亚美尼亚	6.7	8.8	9.4	9.5	10.2	10.2
阿塞拜疆	1.5	1.7	2.0	2.4	2.6	3.0
白俄罗斯	1.0	1.1	1.2	2.8	2.9	3.0
保加利亚	8.4	9.7	12.6	13.4	14.6	17.7
波希尼亚和黑塞哥维那	0.7	2.0	2.7	2.8	2.9	2.9
格鲁尼亚	22.7	23.0	23.1	23.3	23.6	24.5
匈牙利	29.8	30.2	30.6	30.7	31.1	31.7

---

① *Анализ процессов приватизации государственной собственности в Рф за период* 1993 – 2003 *годов*, Москва: Счетная палата РФ, 2004, С. 63.

续表

国家	1999 年	2000 年	2001 年	2002 年	2003 年	2004 年
哈萨克斯坦	14.8	15.6	16.1	16.6	17.9	18.1
吉尔吉斯斯坦	2.0	2.3	2.7	2.9	3.2	7.4
立陶宛	7.8	9.6	10.6	11.1	12.7	13.4
马其顿	0.9	2.1	12.6	13.3	13.6	13.8
摩尔塔维亚	6.0	12.4	12.9	13.5	13.9	14.2
波兰	7.3	11.0	11.8	12.2	12.7	13.8
俄罗斯	3.6	3.9	4.3	4.7	5.4	—
罗马尼亚	7.6	8.2	8.5	8.9	9.1	9.7
塞尔维亚和黑山	0.0	0.0	0.0	2.2	6.5	7.1
斯洛伐克	11.4	15.4	19.3	34.0	35.0	—
斯洛文尼亚	2.2	2.3	2.4	4.6	4.7	—
塔吉克斯坦	3.6	4.6	4.9	5.8	6.3	6.7
土库曼斯坦	0.3	0.6	0.6	0.6	0.6	0.6
乌兹别克斯坦	2.6	2.8	2.9	3.5	4.0	4.7
乌克兰	2.9	4.3	5.5	6.0	7.1	9.5
克罗地亚	8.2	10.2	13.5	15.3	17.5	18.7
捷克	11.5	12.4	15.0	20.3	21.3	21.9
爱沙尼亚	4.0	4.8	6.7	7.1	7.3	7.5

数据来源：Transition report 2005. Business in Transition-European Bank for Reconstruction and Development. London，2005.

还可以举出很多关于毫无理由地降低被出售的国有资产价格的事实，由于联邦审计局组织的检查才暴露出来。印古什保险股份公司没有考虑《应买卖的国有企业和机构的资产价格评估》临时方法条例的要求就进行了资产评估，为此国家承受了 60 亿卢布的损失（1991 年价格）。

根据 1996—1997 年审计局对几十个专门拍卖进行的抽样检查结果，由于无故降低股票价格，而使联邦预算损失了 1150 亿卢布的收益。在确定秋明石油有限股份公司股权的出售价格时，并没有计入属于机构预算的可提取的石油和天然气储量，因此股权的价格至少被低估了 9.2 亿美元。

根据 1996—1997 年进行的第三次专业拍卖的结果，占斯拉夫石油天然气股份有限公司法定资本 7.97% 的股权的出售，使国家获得了 28480 亿卢布（1997 年价格），或者 4.88 亿美元。然而这家公司按照市值在 1997 年已经达到了 449.28 亿美元，公司股票的价格已经达到了 35.81 亿美元。因此，国家因出售公司股票而少得了 30.93 亿美元，而失去的联邦预算收益达到 2.2 亿美元。

有关严重违背制定的《禁止人为压低国有资产出售价格法规程序》的清单，还有很低出售收益的事实清单还可以继续列举下去。据西方评估，俄罗斯石油联合体私有化企业的资产估计不足的数额达到 4600 亿美元。

实际上中东欧国家到处把私有化当作恢复经济中财政平衡的工具。利用私有化作为为预算获得"快钱"的工具是俄罗斯 1995—1998 年间私有化过程的最主要的特点。这一私有化的短期战略任务的优先地位决定了明显忽略国家长远规划的利益：企业如此必要的投资和结构改革经常退到了第二位。甚至那些私有化纲要实施初期规定明显区分预算资金和私有化收入的国家，也把私有化收入作为国家预算的重要进款项目了。那么，罗马尼亚在制定第一个私有化纲要时，预先拟定所有从私有化中得到的资金（2005 年底为 50 亿美元）都集中到国家财产基金会的账户上，用于国民经济的重组和现代化。然而，经济管理的非集中化，经济主体在决策中很大的独立性导致 1995 年出售的股份收入的 60% 和所有出售资产的收入留在了企业，只有 40% 留在国家财产基金会手里。企业利用私有化的收入主要偿清贷款和预算，部分是用来投资。迅速变化的经济形势、巨大的财政赤字以及国家机构职能的改变，要求修改出售国家财产获得的资金的使用政策。1997 年 10 月出台了使用私有化收入的新规定：70% 列入国家预算，15% 列入国家财产基金会，15% 列入政府地区发展专项基金，这种新方法的依据是企业没有能力合理地使用资金①。

在波兰，由于在转型最初阶段认为私有化自身会带来经济效率提高的观点占上风，因此通过了私有化款项应转到国家预算的决定。在 1997 年前，这些款项直接包含在预算里。从 1998 年起，这些进款：（1）部分收入被用于补充国家预算。（2）被转向预算赤字拨款。（3）成为个别社会项目拨款的组成部分。波兰私有化进款和国家预算规模的比例见表 13。

---

① *Adevărul economic*, 1997, №40.

表 13　　　　　　波兰私有化收入与预算进款规模的比较　　（百万新兹罗提、%）

年份	预算总收入	私有化总进款	私有化进款和预算收入的比率
1991	21088.5	170.9	0.8
1992	31277.5	484.5	1.5
1993	45900.8	780.4	1.7
1994	63125.2	1594.8	2.5
1995	83721.7	2641.6	3.2
1996	99674.5	3749.8	3.8
1997	119772.1	6537.7	5.5
1998	126559.9	7068.7	5.6
1999	125922.2	13347.5	10.6
2000	135663.9	27181.9	20
2001	140526.9	6813.8	4.8
2002	143538	2900	2.0

在 1991—2002 年间，波兰私有化进款总额达 733 亿新兹罗提，合计 175 亿美元，大约 77.5% 列入了国家预算，3% 被用于发展目标。私有化进款的规模使 1998 年几乎一半的国家预算赤字得到了资金弥补[1]，2000 年所有赤字得到了资金弥补。

匈牙利的私有化被认为是中东欧国家最成功的。到 1998 年前，主要私有化交易完成时，得到了数额约 119 亿美元的收入，按人均核算，实际上比其他中东欧国家[2]要高。从支付形式看，私有化收入的构成是很有利的——主要是现金。匈牙利不断增加的私有化收入主要用于解决两个问题：弥补预算赤字和偿清外债。在 1995 年得到的 4740 亿福林私有化收入

---

① Parkiet, 22 stycznia 1998.
② 在保加利亚，从 2004 年开始，国有资产私有化的收入仅达到 40 亿美元。

中，80% 被用来偿清外债，1996—1997 年的部分收入也用于这一事项①。

最有效发展的中东欧国家逐渐开始认识到这种观念的所有局限性，即认为私有化收入是填补预算窟窿的取之不尽的源泉。它们转向立法禁止私有化资金的使用方向和比例，终于将注意力转向了重组问题和提高经济效率问题上。正如波兰一系列官方文件中记录的那样，在 2006 年以前私有化的基本目的是为经济增长创造有利的环境，特别是通过刺激投资需求、经济重组和现代化的办法，并将私有化同工业政策目标结合起来②，在波兰私有化资金的基本使用方向中，被宣布用于重组（占私有化款项的 15%③）和科技发展（占私有化款项的 2%④），还有用于稳定劳动力市场的任务。按照《企业商业化和私有化法》第 56 条修改条款，国家所有股份的出售进款将形成专项基金⑤，这些基金从 2002 年 3 月 1 日起，将用于支持积极的劳动安置计划（劳动力开发），它被依据专项基金的法规由经济部门、劳动部门和社会政策部门支配，或者用于补充劳动基金，或者通过国民经济银行向小企业代表分配贷款，或者向大学生提供助学金。

我们列举 2004 年波兰私有化收入使用方式作为实例。

2004 年波兰私有化进款为 88.3 亿兹罗提，其中 70 亿兹罗提进入国家预算，这些资金被用于以下措施拨款⑥：

15 亿兹罗提被用于预算工资方面的债务支付补贴和几项社会支付的

---

① *Pénzügyi szemle.* 3. sz. 1997, 200. old.

② Same as above.

③ 按照《企业商业化和私有化法》第 56 条（1.2），2003 年 15% 的私有化收入用于企业重组。这一目标在 2002 年 10 月 30 日颁布的《对劳动力市场有特殊意义的企业的公共资助法》中规定得很具体。此外，按照《国家中央行政机构及其附属机构组织形式转变法》第 75 条的规定，在每一笔属于国家财政部的股票交易收入中，要留出 2% 用于补充工业发展股份公司的资本。私有化收入由国家财政部批准向需要重组的企业和因新投资创造新就业岗位的企业提供资助。重组时提供资助的基本原则是保证其工业部门的利润，从而使今后不再依赖资助，保证独立履行自身在资金方面的义务。

④ 按照《企业商业化和私有化法》第 56 条（1.4）的修改意见，2003 年预算年度 2% 的私有化收入用于与波兰科学技术发展有关的项目；此外，法律规定，每一笔股票交易中 2% 的收入应转给波兰科学发展基金会。

⑤ 1998 年 11 月 26 日颁布了《公共财政法》（Dziennik Ustaw, 2003, №15, Poz. 148）。

⑥ *Ministry of the Treasury Privatization Lines for Treasury Assets in* 2004, Warsaw: 28 August 2003.

指数化补贴①。

54.77 亿兹罗提被用于社会保险制度改革。

2300 万兹罗提用于波兰武装力量的重组和现代化。

在私有化进款总额中，还有以下处于国库支配的用于专项目的的资金：

——旨在提高个别工业部门和私有化前企业盈利能力的重组，占私有化进款的 15%。

——补充旨在满足纳入国库预算财产的原所有者要求的基金，占私有化进款的 5%②。

——实施私有化的费用，管理国有财产的费用以及完成规定的其他国库任务。

与上述列举的资金使用方向同时，2004 年还实施了以下项目：

——用于波兰科技的发展，占私有化进款的 2%③。

——补充股份公司工业发展局的资本，还有波兰科学发展基金会的资金，费用出自出售股份所获得的部分收入④。

——支持国家劳动安置计划，费用出自 2002 年 3 月 1 日法律生效时成立的专项基金。

四 私有化的社会后果

分析私有化的社会后果并不是一个简单的任务。后社会主义国家的现代社会状况和形成的社会结构是各种因素经常彼此冲突的复杂综合体同时作用的结果。毫无疑问，私有化是其中的因素之一，但不是唯一的因素。国家的社会政策、居民对产权根本变革的准备性、政治精英的质量等等，对社会状况的形成起着非常重要的作用。说出单个一组因素在每个具体场合下的意义是不可能的，而我们经常遇到复杂的结果，例如当私有化对居

---

① 按照 1997 年 3 月 6 日颁布的法律（最终修改版）（Dziennik Ustaw, 1997, №30, Poz. 164）。

② 见《企业商业化和私有化法》第 56 条 (1.1)。

③ 见《企业商业化和私有化法》第 56 条 (1.4)。

④ 见 2002 年 3 月 1 日颁布的《国家中央行政机构及其附属机构组织形式转变法》（最终修订版）第 75 条 (1) (Dziennik Ustaw, 2002, №25, Poz. 253)。

民的福利和就业产生影响的时候。在私有化促进经济增长，提高劳动生产率，促进企业经营理念进步的意义上，私有化具有积极的社会意义。然而私有化对失业、社会分化加剧、道德伦理规范的冲击和侵蚀也起到了一定作用。

甚至如果鉴定产权关系的转型对后社会主义国家的社会模式产生的重要影响，也很难单纯地说它的总的影响是积极的或者消极的（见图3）。

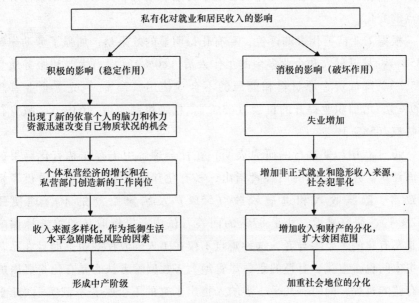

图3　私有化的影响

（一）从社会眼光看私有化

社会调查数据表明，私有化是社会观点中最不受欢迎的转型改革之一。而且这种情况不仅是经过了私有化的发展中国家的特点①，而且也是私有化计划被认为是传统的最成功的发达资本主义国家的特点②。在产权

①　在17个拉美国家中，2001年春天有63％的受访者不认为国有企业私有化是有益的，比2000年高出6％，比1998年高出20％。斯里兰卡60％以上的居民在2000年接受调查访问时反对将剩余的国有企业私有化。

②　Громыко А. , *Политический реформизм в Великобритании 1970 – 1990 – е годы*, Москва: 2005, C. 54 – 59.

改革过程中许可的不公平的感觉，对社会改革成果不断失望的居民在后社会主义国家社会中占了主流。

在波兰，支持私有化对社会有利的观点的回答者在 1991 年占 42%，到 1992 年已经只有 18.1% 了，1993 年积极评价这一过程的人增加了一些，达到 30%，一直持续到 1995 年。只是到了 1996 年，积极评价私有化的比例增加到 54%。私有化拥护者数量的增加基于这些年来对私有化经济效果的评价，以及在私有化的影响下劳动者动机和需求、劳动集体关系特点的变化。

根据工业精英代表的评价，私有化最明显的效果是：加强了劳动纪律（85%），辞退懒人和企业多余的工作人员（80%），提高生产和服务质量（75%），降低资金原材料和能源的不合理使用（73%），完善企业管理（69%），增加职业提升的机会（63%），杜绝粗制滥造（63%），减少行业特权（58%）[①]。

90 年代中后期进行的研究表明，在社会理解中仍存在私有化后果的负面评价。几乎 75% 的回答者指出，私有化伴随着金融欺诈、投机者发财致富、隐瞒收入和逃避税收（55%）及国家财产的不合理使用（42%[②]）。研究显示，几乎 87% 的回答者认为，投机取巧和善施计谋的人是私有化的主要参与者，这种观点不仅在工人和农民圈中，而且在私营业主中间也占主流。有趣的是，尽管绝大多数回答者认为私有化是必需的和有益的过程，同时有几乎一半的人指出了它的不公平和不诚实[③]。几乎 70% 的回答者指出，私有化刺激了失业的增加、社会劳动条件的恶化（51%），迫使工作者超负荷劳动（49%），对企业产生冷酷的态度（49%），等等。

90 年代末社会对私有化理解的尖锐性有所缓和，不满意私有化结果的回答者在 40% 之间摇摆，然而近十年来的最初几年，不满意的比例重新回升，目前已达到了 68%[④]。

---

① Gardawski J., Gielejko L., *Miedzy nadzieja i lekiem*, *Spoleczne efekty prywatyzacji*, W-wa: 1997, S. 15.

② *Stan I perspektywy reform gospodarczych w Polsce*, Red. M. Dabrowski. W-wa: 1997.

③ Gilejko L., *Spoleczne skutki prywatizacji*, *Szkola Glowna Handlowa I Dziesiec Lat Transformacji w Polsce*, Red. A. Noga, W-wa: 1999, S. 306.

④ *News Week*, 7.03.2002, S. 48.

相关出版物指出，在转轨 14 年间，由原国有企业厂长参与的私有化，由于目的在于贱买村社财产然后贵卖到市场上的不动产贸易，波兰的财产得以提高和增加，每十个人中就有一个最富的人属于在同国家的交易中赚了大钱的生意人。这些交易通常是合法的，但是只有那些和权力关系较近的人才有可能有这种机会①。这些现象以及在如此变化和大规模的过程中不可避免地破坏法律和滥用职权的现象，必然被居民们理解为社会不公。

社会中对私有化的否定评价是由波兰近十年初期经济增长的明显下降带来的，这种下降同时伴随着私有化过程的基本完成和中小企业破产的加快，缩小了社会流动和社会提升的范围，而这正是转轨初期的特点。

现在谈谈对俄罗斯私有化的评价，它的经验被国际社会公认为是最不成功的范例之一。

在俄罗斯的大众意识里，人们并没有以纯粹的形式使用财产概念，也没有把它区分为本身具有的社会历史的、社会经济的、心理的意义上的财产。换句话说，财产对于俄罗斯人来说，如果不是总是，至少在很多场合下，是指财产本身以及拥有它的状况。而且这种状况与其说是法律的，不如说是道德伦理上的鉴定。例如，俄罗斯人认为，财产首先是由带来社会意义的价值和福利的生产劳动创造的，这种观念是俄罗斯民族文化和价值观的基本常数②。

俄罗斯人对劳动正义原则的尊崇与他们对当今现实的评价融为一体。正如社会综合分析研究所的研究显示的那样③，俄罗斯人不相信财产是一种对个人努力的报酬，只有最能干、最勤劳的人才能实际拥有它。根据获得的数据，事实上一半的居民确信，勤恳的劳动在当今条件下不能成为成功的原因和非常富裕的源泉，一切取决于机会和个人关系。在合法劳动模式占主要地位的条件下，对于俄罗斯人而言，财产意味着他们对当今主人大部分财产分配的合法性的极大怀疑。

俄罗斯人对待财产的态度上的特点，在很大程度上决定了他们对推行的私有化的态度基本上是消极否定的。然而这足以证明，与其说基本

---

① *News Week*, 7. 03. 2002, S. 48.

② *Собственность в жизни россиян: домыслы и реальность*, Москва: 2005, С. 104 – 105.

③ Там же, С. 112.

上不认可私人所有制，不如说社会上广泛不接受 90 年代进行的国家财产私有化的形式和方法。对私有化结果的批评态度（根据各种调查数据占 61%—82%①）导致后私有化阶段产生的严重情况并不被大多数俄罗斯人认为是合法的，由此对重新审查私有化结果的支持仍持续在很高的水平。当前这种重新审查的必要性可以理解为因为私有化过程中出现的违法现象而引发了财产国有化的口号，或者让财产的所有者承担罚款和补偿。

关于俄罗斯人因私有制在全国普及的动态预期的社会调查（被允许好几个答案）数据很有趣（见图 4，1990 年和 2005 年的百分比②）。

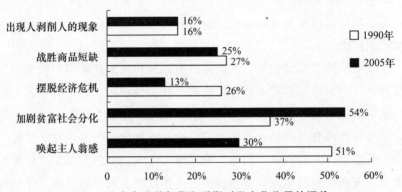

图 4   公众在改革初期和后期对私有化作用的评价

数据来源：1990 年为全俄社会舆论调查中心的调查数据，2005 年为俄罗斯科学院综合社会研究所的调查数据。

至少那些对私有制持否定态度的人感到失望，改革初期和 2005 年国内对私有化的肯定结果非常相似。而那些对私有制持肯定态度的人们也在很大程度上感到失望，而且首先是因为，人们以为私有制会重新唤起心中的主人翁感。

如果说在 1990 年对私有化持肯定态度的人占 71%，那么到了 2005 年已经变成了 43%，认为推行私有制将会有助于国家摆脱危机的人数缩减了一半从 39% 减少到 19%③。

① *Собственность в жизни россиян：домыслы и реальность*，Москва：2005，C. 104 – 105.
② Там же，C. 8.
③ Там же，C. 8 – 9.

　　这使我们想起关于俄罗斯科学院社会学研究所学术团体在社会调查的数据基础上作出的那些结论的这种相关性，首先是在调查过程中表现出来的关于成功适应 90 年代改革建立的社会经济现实与一些认知行为特点（如尊重法律，承认必须认同公共认可的伦理道德法律规范）之间存在反向相关。似乎在高工资、事业成功和有钱的俄罗斯人中间至少比处境差的人（例如，生活在农村里的人）普遍具有相似的特点。

　　在进行研究的过程中，还得到了补充数据，使得这种分化在新的角度下具有自然的特点。这里指的是，在按照世界观特别是对所有制的态度分类的调查者与遵守道德法律的程度之间的统计关系。"这些认知和行为方式的代表者，由于最符合自由市场原则被认为是最现代的，与规范性的预测相反，他们显示出不是最大限度的而是最小限度的社会责任感，而且很小地倾向于维护文明社会制度的道德法律准则。"那么，如果在私有制的反对者中间，对 85%—90% 的被调查者而言完全不能接受获得偷来的东西的话，那么这项指标在现代人中间降到了 77%。涉及逃税相应的比例是 84%—86% 和不到 61%，最令人沮丧的是描述人们对贿赂这种现象所持态度的数字，保守派在选票中占优势（72%—77%），并在这种情况下表达了不满。而社会部分进步人士则倾向于激进的自由化，列入上述被调查者群体的人中，只有 44% 的人坚持重审贿赂行为，不到总数的一半。

　　由上所述，不能不同意《俄罗斯人生活中的财产：猜测与现实》报告作者的担心："这种趋势迫使我们思考这部分居民的社会特点问题，他们通常被认为是自由化改革的支柱，以及这些居民作为承担者的社会计划能够在俄罗斯特有的条件下采取什么样的形式的问题。"①

　　由于社会对私有化的严重不满——收入差距拉大和居民的贫困化，较高的失业率和经济犯罪化，应该更加详细地对导致上述过程发展的因素进行分析，并试图分离出私有化的个别贡献。

（二）私有化与不平等

　　私有化导致生产资料、公民收入和社会地位的再分配。根据专家的看法，中东欧国家的大多数居民感觉到，自己与货币私有化基础上直接参与财产分配的过程是隔绝开来的，以这种或那种方案免费分发国家财产，对

---

① *Собственность в жизни россиян: домыслы и реальность*, Москва: 2005, C. 42.

大部分居民的收入结构产生的影响并不是很大，私营企业活动和小企业的急剧增长，对于基本民众表现出比较明显的作用。从那时起，私营企业开始变得被信任，并变成了中东欧国家社会经济风景中的特色名片。正是如此，在很多后社会主义国家中，居民收入结构中的私营活动收入比例在增长，包括自我就业，还发现工资比例在下降（见表14）[1]。

表 14 一些后社会主义国家收入结构的变化 （%）

收入来源	俄罗斯		乌克兰		波兰		立陶宛	
	1990 年	1996 年	1990 年	1995 年	1989 年	1996 年	1990 年	1996 年
工资	74.1	40.5	67.5	42.6	57.3	45.4	72.6	50.0
社会划拨	14.7	14.0	13.2	8.9	22.0	32.1	11.2	27.1
来自私营企业活动的收入，包括自我就业	11.2	43.0	19.2	48.0	20.7	22.4	16.7	22.9

由于只是有限的人群允许获得财产继而从财产中获得收入，私有化导致了收入差距拉大。而且这一切能够在我们称之为"人人能获得财产"的大众私有化条件下发生。正如科学院院士聂金别洛夫描述的公平一样，在俄罗斯，例如实行了世界实践中独一无二的变相的证券私有化，"在高谈阔论人民私有化的烟幕下，在很短的时间内得以为了少数人群的利益对大量的社会财产进行史无前例的剥夺"[2]。

在转型前，由于大部分生产资料属于国家所有或者集体组织，财富在家庭之间的分配曾经是相对公平的。私有化动摇了后社会主义国家生活中平均财产的基石。尽管不同国家使用了各种私有化方法组合，而私有化过程本身以不同的速度展开，结果形成了为数不多的资本所有者阶级和社会高度的两极分化。"正在形成的市场经济在极不公平的财富分配条件下开

---

① Mikhlev V., Inequality and Transformation of Social Structures in Transitional Economies, Helsinki: The United Nations University, 2000, p. 13.

② Некипелов А. Д., *Очерки по экономике посткоммунизма*. Москва：1996, C. 281.

始了自己的存在。"①

明显的收入和财富分化成了新福利模型的重要特点之一。转型初期用基尼系数衡量的不公平程度（收入分配中的不公平积分因子，在 0 和 1 区间变化，前者表示完全公平，后者表示绝对不公平，所有收入都在一个人手里）实际上在增长，并在很多国家可以同社会更加两极分化相比较。俄罗斯在这方面的指数赶上了拉美国家，特点是社会中最大的收入两极化。

五个国家（保加利亚、捷克、爱沙尼亚、吉尔吉斯斯坦和俄罗斯）在不到五年的时间里（1993 年对于 1987—1988 年水平）用基尼系数衡量的贫富差距增加了 40% 或以上，而在匈牙利、波兰和土库曼斯坦等国家增加了 20%—38%。

20 世纪 90 年代上半期收入水平的下降和分配中不公平增长的结合，导致了地区性贫困的明显增长。如果将每日 4 美元收入作为贫困的指标（按 1990 年美元购买力平价），根据联合国开发计划署的评估，中东欧和独联体国家的贫困人口比例从 1988 年的 4% 增加到 1994 年的 32%，也就是说，从 1360 万增加到 1.192 亿人②。换句话说，在向市场过渡初期，这些国家还不知道什么是大规模贫困：所有有劳动能力的人都有工作，而社会保障体系保证用于病人、老人和残疾人的资金③，表 15 的数据证明了这一点。

表 15 中最后一栏含有的数据以各国家标准为基础，因此这些数据并不总是可比的。然而表 15 中带来的数据还是相当有趣的。中东欧六个国家 90 年代中期处于贫困线以下的居民比例达到了 20%。爱沙尼亚除外，贫困水平较低（8.9%），另外两个波罗的海国家的收入比爱沙尼亚减少很多，贫困人口的比例达到双位数。还有十个国家，联合国开发署掌握了必要的信息，贫困水平比中东欧国家要高，乌兹别克斯坦处于 29%，阿塞拜疆为 62%。

① *Small and Medium Enterprises in Transitional Economies*, Ed. By R. J. McIntyre, B. Dallago, Oxford University Press, Palgrave (Macmillan), 2003.

② *Human Development Report For Central and Eastern Europe and the CIS*, 1999, p. 21.

③ Same as above.

表 15   后社会主义国家的贫困与居民分层

	基尼系数			贫困线以下居民比例（%）
	1987 年/1988 年	1993 年	2000 年	2000 年
中东欧国家				
阿尔巴尼亚	0.23	0.38	0.319	19.6
保加利亚	0.19	0.27	0.270	19.1
捷克	—	0.20	0.258	
斯洛伐克	0.21	0.27	0.269	—
匈牙利	0.25	0.30	0.341	25.0
波兰	—	0.26	0.406	23.8
罗马尼亚	0.24	0.28	0.284	21.5
斯洛文尼亚	—	—	—	
南斯拉夫	—	—		28.9
波罗的海国家				
爱沙尼亚	0.23	0.40	0.372	8.9
拉脱维亚		0.27	0.336	—
立陶宛	—	0.34	0.319	
独联体国家				
阿塞拜疆	—	—	0.365	61.5
白俄罗斯	—	0.22	0.304	37.0
格鲁吉亚	—	—	0.389	30.0
哈萨克斯坦	0.30	0.33	0.312	50.0
吉尔吉斯斯坦	0.17—0.41	0.50	0.290	45.4
俄罗斯	0.24—0.34	0.50	0.456	30.9
土库曼斯坦	0.26	0.36	0.269	48.0
乌克兰		0.26	0.362	31.7
乌兹别克斯坦	0.29	0.34	0.268	29.0

数据来源：Human Development Report for Central and Eastern Europe and the CIS. 1999. Bratislava, 2000. p. 20；Human Development Report 2002. UNDP. N. Y.：Oxford，2002；Transition Report 2002. EBRD. L.，2002.

在这种情况下，两个最大的后苏维埃国家——俄罗斯和乌克兰的贫困水平在31%左右。

这样，除爱沙尼亚外，所有国家的贫困人口明显增长，并在人口的1/5和1/3界限之间摇摆。最低收入组生活标准的恶化部分是收入下降的结果，部分是由于分配不公加重。因此，对于1亿多人来说，生活条件比转型前更差了。

私有化对社会两极分化的影响至少取决于三个因素：国家的初始条件（实际达到的公平水平），选择的私有化政策和私有化后的政治经济环境质量，特别是竞争的发展程度和调控体系的效率，等等。表14的数据非常明显，由于私有化开展的结果，所有中东欧国家的收入分化都被拉大，只是程度不同而已，差异只是较多考虑还是较少考虑。转型改革过程中的社会构成和后私有化政策的不同性质的结果，首先是社会方面的考虑[①]。

社会不公的增长至少有三个方面的意义：

——任何社会的大部分公民都对社会不公有一定的容忍限度，并在现实中予以考虑。

——证据越来越多地表明，社会不平等实际上能够促进经济增长，特别是在市场和制度较弱的发展中国家。

——一切变得越来越明显，不平等可能永远存在：不平等的财产分配导致不平等的权力和力量的分配，这将影响经济政策的本质和方向，并以非生产性的政治安排的形式保存下来。

（三）私有化与就业

在社会观点中，经常把中东欧严重的失业现象同私有化联系在一起。

事实上，由于转型改革的结果，东欧国家的就业稳定在相当低的水平（至少相对于转型前来说）。例如，在匈牙利1990年550多万就业人口中到90年代末只有360万人就业。

专家对改革初期进行的独立评估指出，传统的通过出售企业进行的私有化能够导致实际就业岗位的减少（至少减少1/3到1/2），不断增加的

---

① Центрально - Восточная Европа во второй половине 20 Века. Т. 3, Ч. 1, Гл. 10. *Социальные реформы на этапе перехода к рынку* , Москва, 2002.

失业威胁这一事实,迫使一些国家的政府修正了私有化方案,这在原东德财产私有化过程中表现得非常明显。在那里,保留一定水平的就业开始成为将国家财产卖给私人投资者的重要条件之一。

同时,众所周知,在新所有者的结构中,外国投资者占有重要地位。正如实际表明的那样,外国资本流入并没有促进劳动就业数量的实际增长,外资主要进入大公司,并在那里进行这样或那样的裁员重组,它们在人口多的农村和小城市,经济和基础设施发展水平低的地区比较缺乏,而这些地方正是失业的主要发生地。除此之外,外资流入还伴随着投资产品的进口和外国专家的就业,都不能促进劳动力市场需求的增加。

而且中东欧国家的失业增长还远不总是和私有化联系在一起。匈牙利早在1991年私有化过程之前就取消了大约17.5万个就业岗位(在当时国内经济中550万个就业岗位的条件下),这是世界社会主义合作框架下传统经济联系瓦解的结果。转型衰退的深度、国家经济对传统联系的依赖程度、世界经济形势状况,以及作为企业经营活动结果的后果,很多方面都决定了新所有者在就业方面的战略。

在劳动力市场形成问题上,产权的改变并不是关键,关键的是国家经济在私有化中和私有化后存在的制度环境状况,国外关于存在两个可供选择的过渡劳动力市场模型问题的研究可以被公认为是通用的,第一种方案普及的地区是中东欧国家,第二种方案普及的地区是俄罗斯及其他苏联国家共和国。

中东欧国家劳动关系的演变完全符合市场改革启动当初的期望,它们全都加入了欧盟,作为享有充分权利的成员,这类劳动力市场的再生伴随着很大的变动,并为主要西欧国家的经验所熟知(比利时、德国、法国、瑞典、西班牙等)。这是有很高就业保护程度的市场,有复杂的签订集体合同的机制,同时劳动力和稳定长期失业之间存在明显的分裂。

在法律层面,所有的影响因素在俄罗斯实践中都存在。而且在很多指标上,俄罗斯保护就业的水平要比中东南欧国家转型经济中高,见表16。

在这种情况下可以肯定,俄罗斯的劳动力市场对外部信号的反应不同,这与运行制度的特点有关,特别是与执法机构遵守纪律较差有关,而这是执行法律和合同的保证。除司法体系外,还有可能是行政权力监督机构,签订集体合约并监督履行合约的工会,工作人员及其代表被吸引加入公司的领导机构,以及抗议活动等。因此,在俄罗斯市场上表现出来的很多趋势确实与中东欧国家不同。

表 16　　　　90 年代末期转型经济国家失业救济补贴支付制度的特点

国家	失业补助金替代率（头等补助金数额占原工资百分比,%）	失业补助金替代率（平均补助金数额占平均工资百分比,%）	失业补助金发放期限	覆盖率（获得失业补助金的百分比,%）
保加利亚	60	32.0	6—12 个月，取决于工作者年龄和失业时间	24.8
匈牙利	65	27.5	3—12 个月，取决于失业时间	73.9（包括已获得失业救济的人）
波兰	40	36.0	12 个月	23.1
斯洛伐克	60	32.8	6—12 个月，取决于失业时间	27.0
斯洛文尼亚	63	43.9	3—24 个月，取决于失业时间	32.6
捷克	60	24.0	6 个月	48.8
俄罗斯	75	25.5	12—24 个月，失业期限最长在 36 个月之内	89.5

数据来源：Cazes S. Do Labour Maket Institutions Matter in Transition Economies? An Analysis of Labour Market Flexibility in the Late Nineties. Discussion Paper. Geneva：International Institute for Labour Studies, 2002, №140. p. 7.

　　俄罗斯经济中的就业显示出令人出奇的稳定，对过渡时期的震荡不是非常敏感。在整个改革时期，就业只下降了 12%—14%，并且明显与国民生产总值缩减规模不成比例，这一指标根据官方估计达到 40%（在危机低谷时期）。大多数中东欧国家情况确实不同，在经济衰退时期就业减少的速度超过了国民生产总值下降的速度，而在经济增长的复苏阶段就业水平出现了稳定趋势（波兰除外，就业水平仍继续下降），见表 17。

表 17　　　后社会主义国家国民总值、就业和劳动生产率的增长率　　　　　（%）

国家	1990—1995 年		1995—2004 年		1990—2004 年		2000—2004 年	
	总增长	年均	总增长	年均	总增长	年均	总增长	年均
欧盟新成员								
国民总值	-4.6	-0.9	40.7	3.9	34.2	2.1	14.9	3.5
就业	-13.5	-2.6	-0.5	-0.1	-14.0	-1.1	-0.7	-0.2
劳动生产率	10.3	2.0	41.1	3.9	56.0	3.2	15.7	3.7

续表

国家	1990—1995 年		1995—2004 年		1990—2004 年		2000—2004 年	
	总增长	年均	总增长	年均	总增长	年均	总增长	年均
白俄罗斯								
国民总值	-33.9	-9.8	77.0	–	17.0	1.2	30.1	6.8
就业	-12.2	-3.2	-2.5	–	-14.4	-1.2	-3.2	-0.8
劳动生产率	-24.7	-6.9	81.5	–	36.6	2.4	34.4	7.7
乌克兰								
国民总值	-47.7	-14.9	27.8	2.8	-33.1	-3.0	41.1	9.0
就业	-3.5	-0.9	-15.0	-1.9	-18.8	-1.6	0.6	0.1
劳动生产率	-45.8	-14.2	52.0	4.8	-17.6	-1.5	40.3	8.8
俄罗斯								
国民总值	-34.7	-10.1	37.1	3.6	-10.4	-0.8	26.6	6.1
就业	-13.1	-3.5	5.0	0.5	-8.8	-0.7	4.9	1.2
劳动生产率	-24.8	-6.9	30.5	3.0	-1.8	-0.1	20.7	4.8
欧盟 15 国								
国民总值	7.8	1.5	20.2	2.0	29.4	1.9	5.1	1.3
就业	-2.0	-0.4	10.0	1.1	7.8	0.5	2.5	0.6
劳动生产率	10.1	1,9	9.1	1.0	20.1	1.3	2.5	0.6

注:欧盟新成员包括:捷克、爱沙尼亚、匈牙利、立陶宛、拉脱维亚、波兰、斯洛伐克和斯洛文尼亚。

数据来源: WIIW. Database incorporating national statistics. WIIW. Calculations using AMECO.

　　所有中东欧国家启动市场改革时,以公开失业率的上升而著名。实际上这些国家的失业率很快打破了 10% 的纪录,而有些时候(保加利亚、波兰和斯洛伐克)超过了 15% —20% 。到了 90 年代中期,当多数中东欧国家成功渡过了转轨危机时,情况开始稳定下来。俄罗斯在整个转型期间登记失业率是最低的。据这一领域公认的专家卡别留什尼科夫估计,实际失业率超过国外达到 10% 只是在改革的第六个年头,达到了大多数其他后社会主义国家恢复经济增长后形成的那一水平。然而俄罗斯经济一进入复苏阶段的时候,失业指标就急剧下滑,下降了一半。从 1999 年初的最高纪录 14.6% 的指标降到了 2002 年中期的 7.1% ,这样的失业减少速度是任何一个其他转轨经济都没有过的，见表 18。

表 18				登记失业水平（年终）			（%）	
国家	1990 年	1993 年	1995 年	1999 年	2000 年	2001 年	2002 年	2004 年
保加利亚	1.1	21.4	15.7	16.0	17.9	17.3	16.3	12.2
匈牙利	0.7	13.5	11.1	9.6	8.9	8.0	8.0	6.1
波兰	6.5	14.0	14.9	13.1	15.1	17.4	18.1	19.0
罗马尼亚	1.3	9.4	9.3	11.4	11.2	9.0	11.0	8.0
斯洛伐克	2.0	15.0	15.1	19.2	17.9	18.6	17.4	18.1
斯洛文尼亚	4.7	14.5	14.4	13.0	12.0	11.8	11.6	6.3
捷克	0.7	4.3	4.0	8.7	8.8	8.1	7.3	8.3
爱沙尼亚	—	3.9	4.1	5.1	5.3	6.5	5.9	9.7
拉脱维亚	—	-4.6	6.4	9.1	7.8	7.7	8.5	10.4
立陶宛	—	4.4	6.1	10.0	12.6	12.9	10.9	11.4
俄罗斯	—	1.1	3.2	1.7	1.4	1.6	2.1	2.6

数据来源：Данные национальных статистических ведомств；БИКИ. 2004. №21 – 22. С. 6；OECD. Economic Surveys；Podkaminer L. et al. Transition Countries on the Eve of EU Enlargement. WIIW Research Report. 2004. №303. pp. 51 – 85；The Bulgarian Labor Market over the 90's：from Transition to EU Accession. The World Bank Research Report. April 2001；Trans MONEE Datebase 2000；WIIW Structural Report 2003 on Central and Eastern Europe. October 2003. Vol. 2. p. 17；WIIW Research Reports. Special Issue on economic prospects for Central，East and southeast Europe. 2005. №320. p. 21.

俄罗斯发生了劳动时间急剧缩短的现象。90 年代上半期工业工人的平均劳动天数几乎缩短了一个月。这种现象在任何一个中东欧国家都没有出现过。尽管 90 年代后半期俄罗斯经济中的劳动时间开始增加，但是直到现在也没有回到最初的水平。

重要的是，人们注意到了劳动时间指标中出现了严重的分化，偏离周工作时间不仅在小地方，而且在大地方，到处都能遇见。大约占全部就业人数 15% 的人劳动时间比较长，达到每周 40 小时。可以确信，从工作时间变化的角度看，俄罗斯的劳动力市场显得不是典型的高弹性市场。

中东欧国家的劳动力实际工资与未改革前水平相比有所增加，而且其中一些国家完全可以感觉得到——增加了 20%—30%，劳动力的逐渐涨价不能不动摇对他的需求，这有助于制止失业率的增加。同时，俄罗斯经济在 90 年代大部分期间生产价格的增加快于消费价格的增加，因此从雇主角度看，工资的下降比劳动力角度的下降更严重。与中东欧相反，俄罗斯的实际生产工资没有显示出恢复到改革前水平的趋势：对于生产者而言，缩减劳动力价格是其一贯的特点，劳动力不断变得廉价，使得对劳动力的需求维持在比较高的水平上，同时也防止了隐性失业的泛滥，见表 19。

所有原社会主义国家经济体制的变化与劳动收入分配不公相联系。然而在中东欧国家，这种变化显得相当适度。而俄罗斯工资两极分化的加重是极其尖锐的：如果 1990 年基尼系数等于 0.32 的话，那么到 90 年代末已经是 0.45。当前俄罗斯在这方面的指数已经超过中东欧国家 1.5—2 倍。由此得出，俄罗斯经济中不仅平均工资水平，而且相对工资结构也是极具变动和灵活的。

表 19　　　　　　中欧、东南欧和东欧国家劳动力价格
（根据购买力平价，奥地利等于 100%）

国家	1997 年	2004 年	国家	1997 年	2004 年
捷克	27.14	38.58	立陶宛	26.39	29.99
匈牙利	24.5	39.46	保加利亚	12.46	18.52
波兰	33.22	38.70	罗马尼亚	23.36	28.60
斯洛伐克	27.37	31.54	克罗地亚	57.34	63.63
斯洛文尼亚	66.45	73.99	马其顿	20.82	21.35
爱沙尼亚	32.11	40.68	俄罗斯	24.99	24.36
拉脱维亚	29.41	31.18	乌克兰	21.09	15.05

数据来源：WIIW Research Reports. Special Issue on Economic Prospects for Central, east and Southeast Europe. 2005. №320. pp. 101–105.

在整个过渡期间，俄罗斯经济中发生了高强度的劳动力流动。在劳动

力流动的速度方面，俄罗斯明显超过了绝大多数中东欧国家，不仅如此，而且与其说是表现为劳动力频繁的退出，不如说是表现为对劳动力的积极雇用。就经济危机不断加深的情况而言，这看起来十分意想不到。其他转轨经济中改革初期的雇佣强度通常是下降的。俄罗斯的就业继续维持在十分稳定的高水平上。

　　另一个反常的特点是，主动辞职占优势。中东欧国家离职大部分是不得不被迫解雇，俄罗斯劳动力市场由于雇主创新的解雇还没有那么普遍，由于个人方面的原因而解雇占优势，达到全部离职总数的65%—74%。

　　各种各样不标准的适应方式成了俄罗斯劳动力市场的特色，以工作时间不充分的制度工作和强迫行政休假，第二职业和非正式部门就业，拖付工资和灰色劳动收入。这种适应机制是市场中介本身为了有效反应经济和制度环境突如其来的变化而自然形成的。这些机制的范围和多样性在任何一个转轨经济国家都没有像俄罗斯那样明显，集中得如此紧密，如此根深蒂固①。因此从某一时刻起，这种适应方法开始当作每日的墨守成规和公认的实践以及劳动关系规范而被接受。

　　所有这些非标准化的机制同一个重要的特点结合起来——非正式或半正式的特点。它们通常或者绕开法律或其他正式限制来行动，或者违背它们导致雇主和雇员关系的转化，其结果是公开的劳动合同让位于隐性的协议。

　　俄罗斯非正式部门的劳动就业法实际上并没有被遵守。这样，几乎2/3拥有未登记注册的工作岗位的人认为，他们很可能以此为理由被从不合法的工作岗位上辞掉。每两个人中就有一个认为可能毫无理由地受到物质上的惩罚。在工作岗位登记注册的那些人中，类似的评价少很多，只有23%—25%的情况。总之，在非正式领域工作的劳动者极受伤害。很明显，在非正式就业中间，人才的潜在流动水平要比劳动关系正式的人高2倍②。

　　而且在合法的私人企业里，劳动法规定的劳动和社会保障远不总是被遵守。可以看到，员工们把这看作是自己在私营部门工资水平比国有企业

---

① Glinkina S. , *Outcomes of the Russian Model*, *Reality Check*：*The Distributional Impact of privatization*, Wash. : Center for Global Development, 2005, pp. 297 – 217.

② Варшавская Е. , "Что там в тени？", *Человек и труд*, 2001, №11.

高得多而缴纳的一种费用，见表 20。

表 20   各种所有制企业中法律和劳动合同中

规定的实际保障（提供肯定回答的比例）   （%，人）

	国有企业	私有化企业	私营企业
发放工资的规律性			
一个月少于 2 次	51.7	61.6	65.6
例行假期			
不发工资或工资低于法律规定的水平	1.6	2.3	22.6
部分员工假期工资在合同中有补充规定	1.1	1.4	8.4
暂时无工作能力			
不发工资或工资低于法律规定的水平	8.0	8.8	37.8
部分员工假期工资在合同中有补充规定	5.9	6.5	16.1
加班			
不发工资或工资低于法律规定的水平	29.6	47.3	50.1
部分员工假期工资在合同中有补充规定	6.6	10.1	6.1
总调查人数	558	771	884

数据来源：Четвернина Т.，Ломоносова С. Социальная защищенность работников в новом частном секторе: мифы и реальность //Вопр. Экономики. 2001. №9. С. 105.

由表 20 得出，从各个方面看，私有企业中允许自己违规的比例实际上很高。这里存在对员工权利的双重侵犯（雇主忽视的不仅是立法要求，还有合同里规定的条件）。

很明显，现代俄罗斯并没有形成文明市场经济国家所特有的劳动关系形式，雇主的强制和蛮横气势在增长。在工会运动瘫痪的条件下，不管是国家的雇员还是较多的私人企业的雇员，实际上都是无权利的。

想想 90 年代俄罗斯经济不得不忍受的阵痛，自然也就能够预料到尖锐的持久的劳动冲突浪潮。但是这是多么奇怪，罢工的频率一直维持在相对高的水平上。90 年代上半期曾估计，1000 个就业人口中损失了 3—25 个工作日，下半期损失的工作日增加到 45—84 天，但是到了 2010 年末重新减少到 3 天。按照国际标准，这是一个比较适当的水平。

这样，俄罗斯劳动力市场的实际运行特点是：相对小的就业损失和适度的失业，灵活的劳动时间和超灵活的工资，高度的劳动力流动性，不标准的劳动关系形式的广泛普及，以及较低的罢工积极性。因此，它显得非常适于缓冲制度转轨过程中伴随的大量的消极的震荡。这种适应首先依靠劳动力价格的变化和变化的持续性，另外在非常有限的程度上还依赖于就业的变化来实现。

卡别留什尼科夫在自己的一个研究中公正地指出，在改革后的时期里，俄罗斯劳动力市场起了重要的减震器的作用，本质上减轻了由于过度的劳动力保护可能带来的消极后果。它显示出非常强的适应潜力，可以避免中东欧国家遇到的很多问题。很明显，这首先是由于劳动关系领域的非正式规则和规范占主导才变得可能。然而这种模式却很难成为经济增长的主导模式。缓慢的就业重组，特殊人力资本投入不足，较低的劳动生产率水平是其可塑性的消极一面。在便于短期适应的同时，这种模式没有为长期的经济重组提供充分的条件[①]。

（四）私有化与经济犯罪化

在对事情本质进行分析之前，应该知道，私有化和经济犯罪化之间的联系还是个正在争论的问题。拉德金在自己的一篇文章中写道："关于正是私有化在俄罗斯社会中产生了犯罪化的浪潮的观点未必能够得到广泛的证实，事实上，私有化产生了大量新的可供犯罪利益利用的对象，然而后者在私有化领域（像其他领域一样）的急剧蔓延，首先与经济、政治和法律改革、执法机构和国家政权的政治意志领域的刑事状况有关，与整个社会状况有关。"[②] 很明显，他之所以是正确的，在于转型改革过程中制度环境的状况是关键性的问题，制度的削弱导致了破坏性过程的上升。

诚实地说，经济活动的自由化，首先经营主体缺乏能够提供合法实现其权利可能性的必要制度环境保障条件，是经济中发生失衡和失调的最重要的原因。这种情形存在的结果我们在苏联生产合作社发展时期已经遇到过。然而现在我们感兴趣的是私有化和经济犯罪化之间存在直接联系这一事实，在我们看来，至少在俄罗斯条件下很明显就能看得出来。

---

① Капелюшников Р. ，"Пластичная модель"，*Отечественные записки*，2003，№3. С. 2003.

② Радыгин А. Д. ，"Российская приватизация: национальная трагедия или институциональная база постсоветских реформ"，*Мир России*，1998，Т. 7，№3，С. 3 −32.

现代研究者分析了这种因果关系，通常他们着重于对这种在转型经济中非常多见的违法行为事实的分析。这赋予研究非常情感化的色彩。我们想指出能够对私有化发展过程施加消极影响并导致经济犯罪化的一些思想方针和理论前提。

首先，应该注意的是，中东欧国家原来当政的政治力量决定了 20 世纪 80 年代末 90 年代初历史时期的特点。这一时期所有国家发生的事件都被称为革命。这一事实对转型经济战略的形成产生了决定性的影响，因为在革命的条件下基本任务通常是这样的:

——通过形成支持政府的社会政治集团来巩固政权。

——为了巩固已当权领袖的政治地位和实施革命性的改革而寻找财政资金来源。

产权交易成了解决上述任务的最重要的机制。我们自己能够举出几个俄罗斯转型改革的直接策划者和指导者的十分清楚的引文。例如，B. 梅伊写道:"操纵不动产是保证脆弱的革命政权生存的机制，任何革命都有旨在某一领域产权关系转型的共同的意识形态或思想模式。然而有明确目标的模式仅仅提供进行改革的总的框架。革命政府的具体行为却由另一个因素决定——同腐败因素交织在一起的政治目的性因素。"[1]

盖达尔在为拉德金的书《俄罗斯的产权改革:通往过去和未来的路》写的序言中发展了这一思想:"即使不存在就像为上级任命的官员涂满了蜂蜜，并用美元铺好的通往市场的道路，人们也未必会自愿地沿着这条路走下去，国家也未必和平地没有流血地走完这条路。"[2] 年轻改革者们认为，产权操作对于新政权而言是最重要的非传统的资金来源[3]。

因此，操纵财产和腐败被看成是俄罗斯 90 年代初走上政坛的力量，作为社会经济体制转型的最重要的工具。如果我们回忆一下 80 年代末关于灰色经济和灰色资本在未来市场体制转型中的作用的激烈争论，应该承认，在灰色经济成分的转型意识形态中，这种巨大作用被引向利于政治目的。

类似的现象在其他中东欧国家也存在过，然而它们在很大程度上被欧

---

① В. Мау, *Экономика переходного периода: Очерки экономической политики посткоммунистической России* 1991 – 1997, Москва: 1998, С. 24.

② Радыгин А., *Реформа собственности в России: на пути из прошлго в будущее*, Москва: 1994, С. 7.

③ Там же, С. 22.

盟的行动抵消了，特别是被欧盟制定的预备加入标准方案抵消了，这些标准是预备加入欧盟的候选国家应该兑现的。这些方案规定在中东欧国家采用欧洲的法规，采用欧洲的基本市场制度模型来调节社会生活和重要经济领域。

必要的国家管理包括同腐败作斗争，成为欧盟预备成员国准备的重要标准。不得不指出，由于与欧盟的联合，在社会推行的关于"返回欧洲"的思想成了巩固中东欧国家政治权力的重要因素。因此，革命形势在这些国家里不是那么十分明显，而实际上欧盟成了维护政治权力的重要力量和担保人。

我们再举一个支持私有化和经济犯罪化关系这一话题的理论依据。私有化在所有转型国家曾经如此大规模和激进的，以至于它实实在在地影响了居民的福利水平和收入分配。因此，不得不同意 B. 安德烈夫的观点："任何一个经济代理人，或早或晚会对私有化的过程机会主义①地进行反应，绕开法律和管理规范，为了使交易成本最小化或转嫁给其他代理人而毫不犹豫地利用法律中的任何空隙或漏洞，并将它变成市场进入的特殊障碍。"②"利己主义行为和欺诈作为竞争手段增加了市场上总的交易成本，而且主要的负担只是由一部分交易参与者承担了③"。

只有以制度契约的形式将游戏规则固定下来，或者建立遵守契约的监督机构，才是纠正这类偏差的唯一药方。成功的私有化要求大量的预备性的制度建设，这些在中东欧国家明确的时间安排下和巨大的外部压力下实现了，而这恰恰是俄罗斯尚未解决的问题。

我们注意到俄联邦审计部门的专家评估，列数了俄罗斯实现官方所宣布的私有化目标所必需的而法律中所缺乏的一些要素。

——没有通过立法保证俄罗斯社会所有阶层参与私有化的平等权利和机会，没有遵循社会公平的原则。

——没有在规范的法律法规中对私有化企业规定义务条件和要求，特别是保留经营范围，建立发展生产基地的必要条件，保留技术联系，解决

---

① 如果指的是超额利润的话，机会主义行为可以采取极端的形式，根据一个专业信息分析机构的数据，90 年代初从事能源行业的企业领导中，有 10% 死于雇佣杀手的子弹下。

② Андрефф В. ，"Постсоветская приватизация в свете теоремы Коуза"，*Вопр экономики* ，2003，№2，С. 123.

③ Там же.

社会问题，保护生态环境，保留或者增加就业岗位，等等①。

——没有明确企业私有化的方法，企业作为整个统一的财产综合体，由生产资金、地段、楼房、建筑物、公共设施以及未竣工工程项目等组成。

——没有规定出让国有财产情况下相应的惩罚原则，没有规定对私有化财产进行独立价值评估的相关要求，没有规定为吸引外资在国际证券市场发放有价证券的方法。

——在 1991 年私有化法中，以及其他法律法规中，没有调整由于私有化引起的国家损失的赔偿办法，没有规定国家权力机关负责人员和企业领导对私有化过程中的非法行为负有的责任：将禁止的企业或者未经俄联邦政府和国有财产委员会批准的财产私有化，由于共谋或勾结低估私有化财产的价值，没有一次性支付企业私有化规定的资金，并没有将私有化资金列入预算②。

——在私有化最初阶段没有做出将旧法规用于私有化产生的新经济关系的判例。

——由于缺乏法律基础，在非私有化领域没有明确返还国有企业财产和特殊资产的程序，这些对象的私有化是通过违法的形式完成的。

——在 1992—1993 年间，没有规定允许外国投资者参与重要战略领域财产私有化的限制。这有助于外资对战略重要和极具经济意义的国防综合企业，以及与其相结合的科技领域企业、汽车制造、金属、化工等企业形成控制③。

---

① 按照俄联邦 1993 年 12 月 24 日颁布的第 2284 号总统令批准的《国家私有化纲要》第 5.6.1 条款的规定，只有在通过商业拍卖出售贸易、公共餐饮和日常服务领域的资产时，附带了保留经营范围这一义务条件。

② 正如审计署检查的那样，俄联邦财产基金会没有制定对按照签署的买卖合同履行投资义务进行监控的方法，对履行投资条件的监控不够有效。结果在 81 个买卖合同中，履行投资义务的期已失效，有 49 个合同是通过违法的方式履行投资义务的。此外，财产基金会没有及时根据 1992—1994 年《国家私有化纲要》规定的国有资产私有化资金分配方式的变化递交提案。结果，相当一部分的私有化资金没有进入国家预算体系：1996 年只有 55% 的联邦财产私有化资金转入了联邦预算。1997 年在联邦财产出售收入中，有 4.941 万亿多卢布在预算外被支配掉（*Анализ процессов приватизации государственной собственности в РФ за период 1993 – 2003 годов*, Москва: Счетная палата РФ, 2004, С. 63）。

③ 关于外资参与国防工业企业及资产私有化的限制是通过《俄联邦国有企业和市政企业国家私有化纲要》在 1993 年底开始实行的，这些企业的国防订购占生产总量的 30% 左右。

——没有通过立法的形式明确俄联邦政府对实现私有化纲要的垄断地位和负有的责任。由于国家关于俄联邦国有企业和市政企业的私有化纲要违反了1991年6月3日发布的第1531—1号俄联邦法《关于俄联邦国有企业和市政企业私有化法》，被认定为是非法的，而1993年12月24日发布的第2284号俄联邦总统令得到了确认。

——90年代期间地区和市政财产的私有化是在缺乏有关划分联邦财产、联邦主体财产和市政财产方法的法律的情况下进行的，这为俄联邦各主体的国家权力机构提供了任意地不受监督地支配很多联邦所属财产的机会。

——在2001年私有化法生效之前，地方私有化法律的发展不具有系统化的特点，而俄联邦主体的国家权力机构通过的法律与联邦的法律标准不相符合①。

——俄联邦大众私有化法发生的时期，不仅缺乏外部金融监管机构，也缺乏关于私有化过程中必须引入独立监督制度的意识。与此同时，现有的私有化国际审计标准认为，不仅可能而且一定能吸引上级金融监管机构对大众私有化过程进行监督。

例如，按照私有化审计标准指南中所阐述的原则，上级金融监管机构应该监督社会上广泛进行的与居民参与大众私有化有关的新知识和实践技能培训过程，特别是监督机构应该认真地评估由国家开展的宣传活动的效率，以及用以宣传按照大众私有化纲要出售的企业重要信息的机制。在这一基础上，上级金融监督机构应该确信，公民的认识水平和所传授的信息质量足以让潜在的大众投资者能够做出深思熟虑的决定②。在这种情况下，他们应该特别注意中介的行为（经纪人、经销人、投资基金、信托机构等其他中介），特别是不仅当那些对市场机制有实际认识的人成为中介的时候，还有那些只是冒充自己为专家的人成为中介的时候。

---

① 例如：鞑靼斯坦共和国1992年2月5日颁布的第1403—7号关于《鞑靼斯坦共和国国有资产私有化法》；克拉斯诺亚尔边疆区2002年4月10日颁布的第112—n号关于《批准克拉斯诺亚尔边疆区委员会国有资产管理条例》的苏维埃行政决议；萨哈林州1999年7月20日颁布的第8a号关于《州国有财产管理法》；圣彼得堡1994年5月25日第539—p号关于《圣彼得堡住宅私有化法》的市长令；卡库特自治区1994年4月11日颁布的第140号关于《批准卡库特自治区住房无偿私有化条例》的行政长官决议。

② Guideline 24 – Guidelines on the Best Practice for the Audit of Privatisation, 1998. (http://www. nao. gov. uk/intosai/wgap/home. htm)

正如审计部门的专家评估和他们的实际监督行动所揭示的那样，"私有化之初存在法律基础上的不足，为私有化实施过程中严重滥用和金融违法提供了机会（或成为原因）"[①]。

俄罗斯的经验完全证实了我们前面得出的结论，"即私有化发挥积极的效果仅仅在以下条件下，当它伴有制度转型和有效的社会经济政策时"，"私有化在不同国家的后果很大程度上取决于市场公共基础设施的发达程度"[②]。

*　　　*　　　*

后社会主义国家曾阶段性地讨论过如何面对私有化过程中的产权分配是伴随着破坏法律规范或者在缺乏与市场条件相应立法的条件下发生的这一事实问题。这个问题并不是空洞无聊的，尽管不仅社会甚至连经常打算依靠特殊资本积累途径的新私有者自己都觉得自己是不正当的，这妨碍了企业对长期投资和技术更新的兴趣，使潜在的资本家变成了富有的消费者，企业不仅成了权力代表的钩上鱼，也成了普通强盗的钩上鱼。

克罗地亚是当今后社会主义国家中唯一一个正式拒绝总结私有化结果的国家，实际上政府试图兑现关于重新审查违法私有化企业的承诺。直到最近，国家私有化监察局才开始着手对 496 家要求重新审查私有化的企业进行审查，这些企业占所有私有化企业交易的 1/5。但是可以预见到，这个数目将会因法定的私有化审查要求而增加，最近规定将在以下企业中实行强制性审查：

——依靠预算资金从政府中获得财务改善方面帮助的企业。

——在私有化过程中利用包括以自己财产担保的贷款的企业。

——使用退休基金、社会保险基金或者就业问题管理局的资金的企业。

那些参加证券（大众）私有化的法人也将受到审查，国家私有化审查局每半年就应向最高立法机构通报自己的活动。

关于纠正私有化错误的世界经验证实，对于后社会主义国家私有化交

---

① *Анализ процессов приватизации государственной собственности в РФ за период 1993 -
2003 годов*, С. 18.

② "Центрально - Восточная Европа во второй половине 20 века", В 3 т. Т. 3,
Ч. 1. *Трансформации 90 - х годов*, Отв. ред. С. П. Глинкина, Москва: 2002, С. 153 -154.

易问题的提出是有依据的。P. 麦克法夸尔①总结了这一经验，区分了以下当今存在问题的依据和情形：

1. 新政府认为，国家和私人部门之间的区分确定得不准确，也就是说，私有化走得太远，而且针对这一结论还有确凿的经济和政治依据。这些财产可能通过赎买资产的方式归还给国家，或者通过诉讼的方式对最初私有化的合法性提出异议，将资产以国有化的方式无偿地返还给国家。很多国家（包括美国几个州）市政水务企业的私有化引起了很多争议。这些企业某方面的措施被认为是非法的而被废除。

2. 在评价私有化结果的时候产生了一个问题，即关于私有化的决定是不是符合法律和宪法的政治程序的结果。如果私有化纲要是由全民选举的立法和执法权力机构在宪法承认的基础上通过的，下一届政府将会十分复杂地争论这一决定的实质。如果私有化是由专制制度或者在总统令的基础上实现的，那么就为法律异议开辟了道路，也有可能撤销私有化的结果。

在这种情况下，政策至少承担一种政治责任，还有私有化拍卖的胜利者。因此，当印度尼西亚的苏哈托制度崩溃后，国家前领袖的儿子被收回了汽车生产的特殊权力，而他自己稍后也因贪污罪受到了追究。

3. 由于使用的私有化方法而产生了以下一些问题：（1）在运用的时候这些方法是合法的吗？（2）它们被认为是公平的吗？即使私有化的决定从宪法角度也是无懈可击的，所有后面的政府仍可以借口私有化拍卖不是完全透明或者怀疑资产定价不正确。在这种情况下，在国家的支配下有很宽的决策范围：从向拍卖成功者征收"额外支付"到对其本身进行第二次私有化拍卖。这样，英国布莱尔政府推行的对意外收入征税，就是用于校正撒切尔和梅杰政府私有化公司股票价格低估的问题。俄罗斯抵押拍卖或者乌克兰大型冶金公司私有化的维护者经常援引交易表面的合法性，尽管拍卖规则明显不公平，没有保证公平的竞争条件。

4. 重要的是，要考虑以下经济领域的事件，例如：金融危机或者提高原材料商品价格，会不会导致私有化的条件又被理解为没有效率和不公平呢？尽管在拍卖之初私有化的条件还能被认为是有效率的公平的，而意

---

① Макфаркар Р. , "Работа над ошибками приватизации: Мировой опыт", *Отечественные записки* , 2005, №1.

想不到的经济环境的变化后显示，这些条件最初是建立在错误的假设基础上的。政府可能会认为有必要改变调节制度和税收制度，以消除明显的资产无效利用和某些被认为不劳而获的意外收入。而且在这种情况下，没有必要重新审查私有化结果本身，只需要改变调节制度和税收制度。

2001年阿根廷货币贬值后，该国政府单方面解除了与那些将价格水平与美元汇率和美国通胀速度挂钩的外国自然垄断操纵者的合同。公司被迫采取了以没有通货膨胀调整的贬值比索计价的价目表，因此带来很大损失。在石油开采国家，例如，委内瑞拉和哈萨克斯坦，前不久价格上涨促使政府重新修改同外国公司的合同，这使政府获得了很大比例的意外收入，大多数情况下，公司都会顺应这种变化，以和政府保持伙伴关系。

5. 查明私有化导致经济权力高度集中到外资或民族企业手里，这一事实成为重新审查私有化结果这一问题提出的依据，这对民主和国家安全构成了威胁。如果资产集中到少数群体手里是私有化的结果，或者显示私有化成功者为了捞取政治权力滥用自己的经济财产，政府可以开始在更广泛的游戏参与者中进行紧急的经济影响资源的再分配，这一任务可以借助反垄断法解决。就像美国总统罗斯福和他的战友——大型工业帝国托拉斯的破坏者所做的那样，这一行动的结果是，1911年属于洛克菲勒的石油标准公司被拆分。

过去很多发展中国家采取能源部门完全国有化的措施，特别是如果这些公司处于外资的管理之下。南非共和国政府在种族隔离政策垮台后采取更加温和的政策，主旨在于黑人居民的经济发展合作，也就是逐渐形成黑人私有者阶层。为了达到这一目的，政府制定了一些数量计划指标，这种指标是在严格核准的隐性威胁下，各个经济部门都应该有黑人私有者存在。

那么，不得不承认，由世界实践而知，后社会主义国家纠正私有化错误的依据是足够多的，包括俄罗斯。但还不是新的财产再分配，当时不可避免地变成了政治过程，而不是经济过程的分配，应该成为俄罗斯现代产权关系完善的基本方向。而且根据私有化的结果，国家是不停分解财产的见证者。每一个当政的新群体（在国家一级，地区一级，州一级）拥有关于新私有者贷款记录的完全信息，不仅完全有可能，而且有理由提倡合法的或者非正式的财产再分配，并为巩固自己的地位积极地使用这些方法。

在 Д. 诺尔特的专业术语中，转型社会是处于体制不平等状态的社会。在某种条件下转轨体制制度获得了持续再生产的能力，这将对社会的发展前景产生积极的影响。当前的俄罗斯正处在这种情形下，最重要的经济制度——产权制度是反复无常的、总是过渡的。而这种情形不仅从道德角度看是危险的，而且从纯粹的经济规划角度看也是危险的。不仅社会本身，而且连经常打算通过特殊途径积累资本的新私有者本身，都感觉到自己不合法。结果资本逃往国外，采取经济和管理决策的时间长度急剧缩短，动摇了企业投资和技术更新的兴趣。潜在的资本家变成了富有的消费者，不仅变成了政权代表的诱饵，也成了普通强盗的目标。实际上对产权实现产生决定影响的不是明确的法规，而是权力的实际分配和各种权力派系之间的力量关系，这与发达市场经济和民主社会是极不相容的。

结　语

　　毫无疑问，今天的俄罗斯正处在社会生活的转折点，这时社会通常伴随着各种神话现象、措辞和口号严厉的思想家，用时间和认真的分析检验它们十分必要。其中一个转型改革时期的神话内容是，激进的私有化政策足以能够根本改善后社会主义国家的经济状况，而被私有化的企业作为私营企业的同义语，将会永远比国有企业更有效率。正如我们对中东欧国家积累的经验进行的分析所示，这些观点是虚伪的，实质上是一种简单化的经济现实，忽略了一系列重要情况和相互依赖性，我们将关注其中几点。

　　某种经济主体存在财产权能的事实与其有效利用财产的动机和激励的出现之间，二者的依赖关系显得比预先想象的要复杂得多。国有企业的私有化对经营主体活动产生的积极作用只有在以下情况下才能得到显现：当伴随着必要的体制转轨和有效的国家经济政策，这些政策能够提供清晰的产权界定，形成现实的产权交易机制，并产生实际的市场竞争时。

　　未能采用适当方法成功转轨的外部环境，也就是在脆弱的改革体制基础条件下，如果缺乏竞争，那么私营所有者的出现不会自动导致通过非生产性成本最小化实现利润最大化，公司利益将高于社会利益。很多私有化企业对市场信号并不敏感。就像人一样，他们常常通过巩固业已形成的关系和行为上的老规矩对休克状态进行反应，显示出非市场行为，特别是不断增加和其他公司的债务、贪婪地侵吞资产，等等。未成功转轨的体制环境能够引起经营主体的另一种积极性，例如，他们利用法律的任何漏洞将自己的交易费用转嫁到其他公司身上，而且设立了通往发展真正市场关系的巨大障碍。这种机会主义行为往往采取近乎破坏法律和道德规范的极端形式。

　　后社会主义国家私营部门的快速形成是阻止社会主义关系复辟的基本手段，因此私有化实际上普遍成了开展政治斗争的"人质"。在这种情况下，对未来因为所有制关系变化产生的经济效率的考虑，以及这种手段的使用特点，统统让到了次要位置。欧盟通过了关于中东欧国家准备加入欧盟的原则这一历史性决定后，中东欧国家炙热的政治激情终于降了下来。结果转型时期与这些国家准备加入欧盟的时期重合了，这种准备是在欧盟清楚制定的法律文件基础上进行的，准备的路线方法是处于欧盟的长期监督之下的。在这条道路的最后阶段，欧盟倡议中东欧国家重新审查私有化战略，以高度注意发生的所有交易的经济效率。在没有这种外部刺激的国家里，私有化变成了不间断的财产分配过程和政治斗争的工具，俄罗斯被列入了这类国家中。

根据后社会主义国家推行的私有化的结果，在产权界定方面产生了巨大困难。这是在由政治任务迫使接受的期限内利用经典私有化程序实施方法行不通的结果。大多数国家使用的被称为不等价的私有化方法导致了各种突变的、不明确的、交叉的所有制形式的出现。

根据大众私有化的结果，出现了无效的公司治理，这降低了实现重组的可能性，使资金来源贫乏。大多数后社会主义国家的国内企业主无力同外国资本为财产展开竞争；因此，在这些国家里，如匈牙利、斯洛伐克、捷克这些国家，外国私有者占优势。外资在某一国家的积极性依赖于一系列因素，特别是拥有一些比较优势，像廉价熟练劳动力、发达的市场基础设施、充分的内部市场，通过参与私有化过程能进入战略上重要的经济领域，等等。

分析私有化的世界经验，可以得出以下结论：在发达的市场经济中，在中东欧后社会主义国家，在中国，私有化问题不仅涉及私有化结果，而且实际上也涉及各种私有化过程。在西方，公共基础设施经济领域的私有化（正是这些领域在这里通常是私有化的对象）是一种有效的公私伙伴关系调整机制。私人占有与国家私有化后的监管，保证了整个部门的有效运行，为经济和社会提供高质量的服务和商品。

中国的私有化在漫长的国家培育私人资本的形成和有效运行土壤的道路上已经进入了最后的阶段。在这一过程中，利用了一些过渡体制，如租赁、没有财产私有化的任务私有化、积极形成过剩资金的信贷机制、对国有企业经理实行现代物质激励机制，等等。可以自信地说，对于所有的转轨国家而言，这种转变产权关系的逻辑与快速急剧的私有化相比，是在不改变制度环境条件下最可取的。

将私有化作为摧毁旧体制的工具（如俄罗斯），应该对长期的负面结果有所准备，寻租行为的强化、地下经济的蔓延和腐败恶化，变成定型的过渡经济。纠正这种私有化的错误是极其复杂的任务，没有简单的解决办法。它要求经济和政治的变化，这种变化将痛苦地触及私有化阶段一些社会集团和组织的既得利益。

众所周知，仅仅被社会意识到的一些净福利的损失才是体制创新的动机，而且这种净福利是依靠非常无效的体制实现的。体制上的替代选择要在政治舞台上得以完成，并且是平衡政治力量和意识形态斗争的最终结果。在这种情况下，蒙受损失的有影响力的群体在新的体制结构中能够阻挡有益的变化，如果这些损失不能以他们接受的方式得到补偿的话。

那么，国家能否实际改变现行正式体制由两个因素决定：社会和政治舞台力量的实际分配情况（相应的问题是关于由计划的变革带来的得失的分配，这种变革可能让某些群体带来特殊利益），以及完成必要的集体行为的成本大小（不仅仅是资金上的）。这个数目可能非常大，尽管能够因此得到巨大的潜在利益。这些成本完全有可能由一些政治群体承担，而另一些群体坐享其成。

因此，国家进行有针对性的、有效的正式制度变迁的前景是可疑的，实际上也是各种经济利益集团之间成本和利益的再分配，特别是如果我们指的是当改变长期以来社会推行的财产再分配规则的时候。

致　　谢

　　2009 年至 2010 年上半年，我在俄罗斯接受北京大学——莫斯科大学博士生联合培养，为博士论文搜集有关俄罗斯私有化改革的第一手资料。幸运的是，刚到莫斯科，就在一个大型的图书展览会上发现了俄罗斯科学院经济所副所长格林金娜教授以私有化为题的专著，如获至宝，当时就有了翻译成中文的想法。更巧的是，在莫斯科大学留学生办公室办事等候的时候，遇到了一个中文很好的俄罗斯姑娘，我聊起自己刚买的新书，说起我的宏伟计划。没想到她说，这本书的作者是她的博士生导师，而且是她的现任领导！原来她是格林金娜领导的俄罗斯科学院经济所的研究员——维多利亚·拉普尔金娜！这段奇遇成就了一份诚挚的跨国友谊。在她的引荐和帮助下，我有幸结识了本书的作者，并在不到一年的时间里完成了译著的初稿。回国后由于忙着撰写博士论文，顾不上联系出版的事情。2013 年博士毕业，并出版了《俄罗斯私有化正当性问题研究》专著后，才联系俄方出版社办理授权事宜。不巧的是，俄罗斯科学院的科学出版社领导班子重新聘任，谁也不知道该由谁来处理这项工作，只好暂时作罢。2014 年又开始忙于另一本著作《当代大学生马克思主义信仰状况研究》的编辑和出版。2015 年重新通过好友维多利亚联系格林金娜教授和俄方出版社，终于拿到了允许出版中文译著的授权书，真可谓一波三折，好事多磨。授权书好不容易拿到，寻找合适出版社的过程同样费尽周折，先后联系了三家出版社，几度感到"山穷水尽疑无路"，绝望到以为会难产，想不到"柳暗花明又一村"，在刘艳编辑的高效工作下，非常顺利地出版了。

　　译著即将付梓之时不禁感慨万千，算起来，这本书从翻译到出版，竟花了八年的时间才实现计划！如此这番曲折的经历，让我体验到了有志者事竟成的人生哲理。在此一定要感谢那些帮我了结八年心愿的热心朋友，首先要感谢我的俄罗斯好友——维多利亚和她的爱人维肯基，每当我翻译遇到困难的时候，她总是和我一起分析语法和意思，帮我在汉语表达上把关，她在哺育两个幼女的情况下抽空帮我输入匈牙利、西班牙等脚注（这些头上长角又带着尾巴的怪异字母在字库里根本找不着，简直让我发疯），而所有俄方作者、出版社授权的签字文件都是由他的丈夫维肯基放下繁忙的茶叶生意亲自帮我办理的，夫妇二人倾心尽力的帮助让我非常感动。其次要感谢我的编辑好友刘艳，之前第一本专著《俄罗地私有化正当性问题研究》的合作就非常愉快顺利，想不到这本译著的出版又因她而峰回路转，之后一路顺畅。感谢原中国社科院马克思主义学院程恩富院长对青年学者的鼎力支持，他曾热心地帮我联系过出版事宜。感谢中国社会科学院信息情报研究院院长、欧美同学会留苏分会副会长、俄罗斯问题专家张树华教授为拙作作序。虽然与他接触不多，却得到了很大收获。感谢在俄罗斯国立体育大学攻读博士学位的吕雄策学长，为我取回授权书并快递回国……没有这些人的帮助，这本书很难与读者见面。由于初次翻译水平有限，自觉离"信、达、雅"的要求还差得很远，但即使不能把俄罗斯学者私有化研究的所有细节展现给大家，至少能够让读者窥见这一研究的大致全貌，就算多少获得一些了解，也不觉枉然，因此还望各位专家多多见谅，多多指教。

李红霞
2015 年 12 月 1 日